NOUVEAUX
PRINCIPES DE LECTURE

A L'USAGE

des Sœurs du Saint-Sacrement,

OU LA

LECTURE ET L'ORTHOGRAPHE

RENDUES FACILES.

(Propriété de la Congrégation établie à Autun.)

DEUXIÈME ÉDITION.

27/6.

Loué soit Jésus-Christ au très Saint-Sacrement de l'autel !

AUTUN

IMPRIMERIES DE DEJUSSIEU ET L. VILLEDEY.

1855.

Les exemplaires non revêtus de la signature suivante seront réputés contrefaits :

St Eulalie Prost

AVANT-PROPOS.

Une assez longue expérience a montré les avantages des *Principes de lecture* que l'on offre au public. Cette méthode, si on veut la suivre avec ordre et persévérance, nous a paru très propre à faciliter les progrès des élèves, en les formant de bonne heure à l'orthographe ; c'est sous ce rapport surtout qu'elle se recommande à l'attention des maîtresses, et nous avons la confiance qu'elle pourra opérer quelque bien dans l'enseignement primaire.

Ce petit ouvrage se compose de deux parties : du Principe que chaque élève doit écrire plusieurs fois, soit oralement, soit sur le papier ou sur l'ardoise, et d'un Questionnaire qu'elles doivent apprendre par cœur.

OBSERVATIONS.

Les maîtresses sont priées de vouloir bien se rappeler :

1º Que le troisième procédé de chaque classe est toujours une dictée orale ;

2° Que cette dictée ne doit pas retarder la lecture (car ce sont deux cours distincts);

3° Que l'analyse qui en fait partie doit toujours se faire ayant sous les yeux le livre ou le tableau;

4° Que chaque élève doit écrire plusieurs fois sur l'ardoise et le papier tout son Principe, après l'avoir écrit chaque jour oralement;

5° Qu'il faut joindre à la lecture et à la dictée du Principe toutes les règles du Questionnaire qui doivent être apprises par cœur;

6° Qu'il faut revenir souvent dans les dictées sur les éléments, même pour les grandes;

7° Enfin, que pour toutes celles qui sont à la première lecture du Principe, il ne faut jamais omettre les répétitions générales du mercredi et du samedi, car la rapidité de leurs progrès dépend en grande partie de ces répétitions.

NOUVEAUX
PRINCIPES DE LECTURE
ET DE DICTÉE ORALE.

PREMIÈRE CLASSE.

Accents, sons et articulations simples monogrammes.
E et accents.

′ ` ^ H ' ₃
ẹ é è ê E É È Ê

Exercice sur les accents et les E.

è e ê É e ê è E é e e è E è
ê ê é è E ê e ê E e é è E è ê

PROCÉDÉS.

La maîtresse désigne d'abord les accents et les E; ensuite elle les indique sans les nommer; et, enfin, elle les fait chercher à l'enfant. Les procédés pour les lettres et pour les chiffres sont les mêmes.

Sons monogrammes.

a e é è i o u. A E É È I O U
à ê î ô û

Exercice sur les sons.

û a î é o e è i â e ê u é o a i E o u A
e è I O ê é E o î e U è Ê â A e I é e ê
i A u é É o ê û e E O è ê É u i è e

Articulations monogrammes.

b c k q d f g j l m n p r
B C K Q D F G J L M N P R
s z t v x
S Z T V X

Exercice sur les sons et les articulations.

a d f ô B b è î u F k x e q p è È g G i l v
h H A a c é T ô j û è c z l û S B d b i l
m M q Q è p é n R k F f L l m â û r v z t
a d e b i è ê m R r n N S A t l h

Exercice préparatoire.

a e é è ê i o u

b		m		s
d		n		z
f		p		t
j		r		v
l				

PROCÉDÉS.

Dans le 1ᵉʳ, la maîtresse forme elle-même les syllabes
(b a = ba); dans le 2ᵉ, elle les indique; et dans le 3ᵉ, elle
les fait former aux élèves.

DEUXIÈME CLASSE.

Sons et articulations monogrammes.
Un tableau de méthode et deux d'application.
Syllabaire direct simple.

TABLEAU DE MÉTHODE.

PREMIER PROCÉDÉ.

ba	be	bé	bè	bê	bi	bo	bu
ca	»	»	»	»	»	co	cu
ka	ke	ké	kè	kê	ki	ko	ku
qua	que	qué	què	quê	qui	quo	»
da	de	dé	dè	dê	di	do	du
fa	fe	fé	fè	fê	fi	fo	fu
ga	»	»	»	»	»	go	gu
ja	je	jé	jè	jê	ji	jo	ju
la	le	lé	lè	lê	li	lo	lu
ma	me	mé	mè	mê	mi	mo	mu
na	ne	né	nè	nê	ni	no	nu

DEUXIÈME PROCÉDÉ.

pa	pe	pé	pè	pê	pi	po	pu
ra	re	ré	rè	rê	ri	ro	ru
sa	se	sé	sè	sê	si	so	su
za	ze	zé	zè	zê	zi	zo	zu
ta	te	té	tè	tê	ti	to	tu
va	ve	vé	vè	vê	vi	vo	vu

TROISIÈME PROCÉDÉ. — *Dictée orale.*

Dans ce 3e procédé, qui consiste à faire écrire oralement aux élèves toutes les syllabes qu'elles viennent de lire, on devra surtout insister sur les accents et les *e*.

Iᵉʳ TABLEAU D'APPLICATION.

Sons et articulations monogrammes.

PREMIER PROCÉDÉ.

A-ne, bê-te, ca-fé, cô-té, dî-né, é-pi, fê-te, ga-ze, ju-pe, li-re, lu-ne, mè-re, mi-di, râ-pe, pa-pa, pi-pe, rô-ti, tê-te, a-va-re, ca-ba-ne, é-co-le, fi-gu-re, ma-da-me, o-li-ve, pe-lo-te, re-mè-de, sa-la-de, vé-ri-té, vo-lu-me, sé-vé-ri-té, vo-lu-bi-li-té.

DEUXIÈME PROCÉDÉ.

Ame, cave, demi, été, fève, joli, lame, mine, mode, pâté, pavé, cave, rire, sofa, salé, arête, badine, capote, défilé, écume, élève, farine, famine, fécule, idole, jujube, malade, nature, parure, savate, sévère, tulipe, utile, vanité, vérité, carabine, limonade, rapidité, réalité, solidité, timidité.

TROISIÈME PROCÉDÉ. — *Dictée orale.*

2ᵉ TABLEAU D'APPLICATION.

Sons et articulations monogrammes.

PREMIER PROCÉDÉ. — *Phrases.*

L'â-me, l'a-mi, du ca-fé, le dî-né, la tê-te, u-ne bê-te, la fê-te, la lu-ne, u-ne ro-be, la ca-po-te, du rô-ti, u-ne ra-ve.

La pe-ti-te ca-ba-ne, u-ne ca-ve vi-de, le jo-li rê-ve, l'a-va-re pu-ni, de la fa-ri-ne de fè-ve, u-ne lé-vi-te de ra-ti-ne, le re-mè-de u-ti-le, u-ne va-ni-té ri-di-cu-le, l'é-pi do-ré, l'é-tu-de de la na-tu-re.

I-rè-ne a sa-li sa ro-be de ga-ze. A-dè-le di-ne-ra à l'é-co-le. L'é-tu-de de pa-pa a é-té vo-lée. E-mi-le di-ra la vé-ri-té. Ta mè-re a pu-ni ta va-ni-té. Ca-ro-li-ne se-ra de la fê-te. Jé-rô-me i-ra à la ca-ve.

DEUXIÈME PROCÉDÉ.

La dame, une fève, la robe, la mode, l'abîme, la pipe.

Le joli domino, une mode ridicule, le rare mérite de papa.

Valère a bu du café, le père Lazare a rebâti sa cabane, Simone a fini sa pelote, la fête de Zoé a été utile à sa mère. Lève la tête, évite la vanité, je révère la sévérité de l'ami de papa.

TROISIÈME PROCÉDÉ. — *Dictée orale.*

Répétition générale.

Nota. Cette répétition générale doit avoir lieu deux fois chaque semaine, le mercredi et le samedi.

1.

TROISIÈME CLASSE.

Articulations monogrammes et sons articulés.
Deux tableaux de méthode et deux d'application.
Syllabaire indirect ou sons articulés.

1er TABLEAU DE MÉTHODE.

ab	eb	ib	ob	ub
ac	ec	ic	oc	uc
ad	ed	id	od	ud
af	ef	if	of	uf
ag	eg	ig	og	ug
al	el	il	ol	ul
ap	ep	ip	op	up
ar	er	ir	or	ur
as	es	is	os	us
al	el	il	ol	ul

Nota. Dire que les sons articulés ne se séparent pas, et que l'*e* articulé est toujours ouvert.

Exercice préparatoire.

Ac ec ic oc uc al el il ol ul.

b	m	s
d	n	z
f	p	t
j	r	v
l		

2ᵉ TABLEAU DE MÉTHODE.

PREMIER PROCÉDÉ.

b ac	b ar	b il	b ir	b ol	b ul	b ur
f ac	f ar	f il	f ir	f ol	f ul	f ur
l ac	l ar	l il	l ir	l ol	l ul	l ur
j ac	j ar	j il	j ir	j ol	j ul	j ur
m ac	m ar	m il	m ir	m ol	m ul	m ur
n ac	n ar	n il	n ir	n ol	n ul	n ur
p ac	p ar	p il	p ir	p ol	p ul	p ur
r ac	r ar	r il	r ir	r ol	r ul	r ur

DEUXIÈME PROCÉDÉ.

sac	sar	sil	sir	sol	sor	sul	sur
tac	tar	til	tir	tol	tor	tul	tur
val	var	vil	vir	vol	vor	vul	vur
zac	zar	zil	zir	zol	zor	zul	zur
dal	dar	dil	dir	dol	dor	dul	dur
cal	car	»	»	col	cor	cul	cur
gal	gar	»	»	gol	gor	»	»

TROISIÈME PROCÉDÉ. — *Dictée orale.*

Dire qu'une syllabe ne peut jamais avoir plus de deux éléments, quel que soit le nombre de lettres qui la composent.

1ᵉʳ TABLEAU D'APPLICATION.

Sons et articulations monogrammes et sons articulés.

PREMIER PROCÉDÉ. — *Mots.*

Ac-tif, a-zur, bar-be, bé-nir, bor-ne, car-pe, cor-de, dor-mir, for-me, gar-de, lo-cal, mar-di, mû-rir, por-te, ré-gal, sa-lir, tar-te, ve-nir, Abo-lir, bor-du-re, car-na-val, dé-gar-nir, é-nor-me, mar-mi-te, ob-te-nir, par-ve-nir, ré-col-te, tar-ti-ne, vir-gu-le, ca-rac-tè-re, é-car-la-te, gar-ni-tu-re, u-ni-for-me.

DEUXIÈME PROCÉDÉ.

Bâtir, bocal, calcul, canif, culte, égal, finir, garnir, larme, major, partir, rôtir, sortir, total, amiral, culture, fortune, inégal, murmure, parjure, révolte, carmélite, mortalité, activité, particule, uniformité.

TROISIÈME PROCÉDÉ. — Dictée orale.

2e TABLEAU D'APPLICATION.

Sons et articulations monogrammes et sons articulés.

PREMIER PROCÉDÉ. — Phrases.

La car-pe, le ré-gal, le ca-po-ral, le ca-nal, la co-car-de, u-ne gar-ni-tu-re, du fil.

L'a-ni-mal ré-tif, le sol fer-ti-le, l'é-cu-me de la mer, le fil du ca-nif, la for-me du bo-cal, l'a-mi sûr.

Mé-dor a mor-du E-mi-le, Vic-tor i-ra à (*) l'é-co-le nor-ma-le, la gar-de va ve-nir, la ré-col-te n'a pu mû-rir, por-te le ca-nif à Sa-ra.

DEUXIÈME PROCÉDÉ.

La carpe, du métal, le parjure, venir, sortir, dormir, partir, punir.

(*) Dire qu'on met ici un accent grave sur l'a parce qu'on ne pourrait pas dire Victor, il ira à l'école.

Punir le vol, polir du métal, garnir une robe, démolir le mur, bâtir une cabane, la forme énorme du local.

Victor a mal à la tête, le mardi du carnaval, papa sera de garde samedi, évite le tumulte, le caporal de garde a dormi sur le pavé, il patinera sur le canal.

TROISIÈME PROCÉDÉ. — *Dictée orale.*

Répétition générale.

QUATRIÈME CLASSE.

Sons et articulations polygrammes simples.
Deux tableaux de méthode et deux d'application.

1er TABLEAU DE MÉTHODE.

eu	ou	an	in	on	un	oi	oin
eur	our	anc	inc	onc	»	oir	»
ch	gn	ill					

Exercice préparatoire.

eu	ou	an	in	on	un	oi	oin
eur	our	anc	inc	onc	»	oir	»
b		l		r		v	
d		m		s		ch	
f		n		z		gn	
j		p		t		ill	

Nota. Dire aux enfants que les éléments ne se décomposent pas, et le leur répéter chaque fois qu'on leur en présente de nouveaux. En leur répétant aussi qu'une syllabe n'a jamais plus de deux éléments, faire bien comprendre ce qu'on appelle éléments dans la nature et dans le langage.

2ᵉ TABLEAU DE MÉTHODE.

PREMIER PROCÉDÉ.

b eu b ou b an b in b on b un b oi b oin
d eu d ou d an d in d on d un d oi d oin
v eu v ou v an v in v on v un v oi v oin
z eu z ou z an z in z on z un z oi z oin
ch eu ch ou ch an ch in ch on » ch oi »
gn eu gn ou gn an gn in gn on » gn oi »
ill eu ill ou ill an ill in ill on » » »

DEUXIÈME PROCÉDÉ.

peu pou pan pin pon pou poi poin
teu tou tan tin ton tun toi toin
feu fou fan fin fon fun foi foin
seu sou san sin son sun soi soin
cheu chou chan chin chon » choi »
gneu gnou gnan gnin gnon » gnoi »
illeu illou illon illin illon

TROISIÈME PROCÉDÉ. — *Dictée orale.*

1ᵉʳ TABLEAU D'APPLICATION.

Sons et articulations polygrammes.

PREMIER PROCÉDÉ. — *Mots.*

An-se, bâ-ton, bi-jou, bon-bon, bor-gne, bou-chon, bou-din, bou-illi, bou-illon, cha-cun, chan-son, char-don, che-val, che-veu, chi-gnon, feu-ille, jou-jou, ma-man, man-chon, mou-choir, pê-cheur, ta-illeur, vi-gne, ba-ta-illon, é-pa-gneul.

Bonjour, bouche, caillou, douleur, faveur, marcheur, neveu, paille, rognon, signal, torchon, andouille, bataillon, cornichon, écaille, laboureur, médaillon, montagne, moucheron, muraille, ouragan, pantalon, vigneron, volaille.

TROISIÈME PROCÉDÉ. — *Dictée orale.*

2e TABLEAU D'APPLICATION.

PREMIER PROCÉDÉ. — *Phrases.*

La sou-pe, u-ne mou-che, la va-che, le me-lon, le si-gnal, un chou.

Un che-val bor-gne, le mou-choir mou-illé, un bon mar-cheur, la fin du mon-de, u-ne bû-che de chê-ne, u-ne fu-ta-ille vi-de.

Le mou-choir de ma-man se-ra dé-chi-ré, le man-chon de ma tan-te a é-té mou-illé, le mou-lin de pa-pa a é-té con-su-mé par le feu, on a fou-lé le ga-zon de mon jar-din, on pê-che à la li-gne, on a peur de l'ou-ra-gan.

DEUXIÈME PROCÉDÉ.

Une chanson, du charbon, la soucoupe, une mouche, la cartouche, un fourgon.

Un bon bouillon, le pantalon neuf, une riche dépouille, le jour du marché, la ligne du pêcheur, le signal de la bataille.

L'étude a un charme infini, la caille chante,

le mouton bêle, le voleur se cache, le ramoneur couche sur la paille, éloigne ton cheval de la vigne.

TROISIÈME PROCÉDÉ. — *Dictée orale.*

Répétition générale.

TABLEAU DE RÉCAPITULATION ET D'EXERCICES.

ʼ ʼ ⋀ H ʼ ꜱ

Sons et articulations mélangés.

Ch è b eu d è z oin c où q x in h a k an t l û e ê f ill ô eur g gn ul our s ill at j on n r oi m ch un gn in r ê il onc ul ill ur on c k q R d oi u b f eu op of oul eul e è é ê an v o p q x ch db ad ob a o i u F n j z.

CINQUIÈME CLASSE.

Articulations et sons composés (inséparables).
Deux tableaux de méthode et deux d'application.

1ᵉʳ TABLEAU DE MÉTHODE.

Sons composés.

ia ié iè io iu ieu ian ion oui ui oua ouin ieu ion ouan ua ué uin ier ieur iel (iai).

Bl br cl cr fl fr gl gr pl pr dr tr vr sc chr sp spl st str scr ps squ sph sch. (*)

(*) Il faut y ajouter encore les articulations : sb sin sl sv cz et pt tz, et peut-être quelques autres peu usitées.

PROCÉDÉS.

Ils sont les mêmes que pour les autres éléments. (*)

Exercice préparatoire.

ia ié iè io iu ieu ian ion

a é è o u eu an on

b	bl	fl
d	br	fr
f	cl	gl
p	cr	gr

2ᵉ TABLEAU DE MÉTHODE.

PREMIER PROCÉDÉ.

B ia b ié b iè b io b iu b ieu b ien b ion

d ia d ié d iè d io d iu d ieu d ien d ion

f ia f ié f iè f io f iu f ieu f ien f ion

p ia p ié p iè p io p iu p ieu p ien p ion

s ia s ié s iè s io s iu s ieu s ien s ion

v ia v ié v iè v io v iu v ieu v ien v ion

bl a bl e bl é bl è bl i b lo bl u bl eu

br an br ou br on br un br oi br oin

cl a cl e cl é cl è cl i cl o cl u cl eu

cr ou cr an cr on cr un cr in cr oi.

DEUXIÈME PROCÉDÉ.

Bia bié biè bio » bieu bian bion bien boui

dia dié diè dio diu dieu dian dion dien doui

(*) Bien faire comprendre que tous ces éléments doivent être considérés comme de simples lettres qu'on nommerait bl, cr, iau, etc.

via vié viè vio viu vieu vian vion vien
bla ble blé blè bli blo blu bleu blou
bra bron brun brin broi broin
fla fle flé flè fli flo flu fleu
frou fran fron frun frin froi froin
gla gloi glou glan gla glo glu.

TROISIÈME PROCÉDÉ. — *Dictée orale.*

Répéter encore qu'une syllabe ne peut jamais avoir plus
de deux éléments.

1er TABLEAU D'APPLICATION.

PREMIER PROCÉDÉ.

A-dieu, ar-bre, biè-re, bran-che, diè-te, é-tui,
fa-ble, fleu-ve, fran-chi, gloi-re, jui-ve, li-vre,
mi-lieu, ma-stic, pa-steur, pio-che, pi-tié, planche, stè-re, tié-deur, vio-lon, vian-de, a-mi-tié,
char-niè-re, con-dui-te, droi-tu-re, lu-miè-re,
neu-viè-me, or-niè-re, ra-ta-fia, ri-viè-re, vo-
liè-re, li-tiè-re, por-tiè-re, sou-piè-re, dou-ziè-
me, sa-liè-re, ta-niè-re.

DEUXIÈME PROCÉDÉ.

Sucre, tigre, trouble, brûlure, détruire, froi-
dure, blancheur, chagrin, fouine, frère, fuite,
glouton, grande, liste, marbre, noble, prêtre,
scribe, tranche, tuile, vitre, abreuvoir, blâma-
ble, chapitre, douzième, épluché, fleuriste, fri-
ture, ignoble, moustache, réfléchir, problème,
scandale, suivante, tribunal, vignoble.

TROISIÈME PROCÉDÉ. — *Dictée orale.*

2ᵉ TABLEAU D'APPLICATION.

PREMIER PROCÉDÉ. — *Phrases.*

La bri-de, u-ne cru-che, du ra-ta-fia, un clou, du suif, de la biè-re, de la vian-de cui-te, le bon Dieu, du vin tiè-de, u-ne ta-ble ron-de, u-ne fleur blan-che, l'or-dre pu-blic, la ron-deur du glo-be.

A-do-re Dieu, cul ti-ve l'a-mi-tié, le suif ta-che, la chè-vre brou-te la vi-gne, le fleu-ris-te plan-te, la fou-dre gron-de sur ma tête, prê-te-moi ta plu-me pour é-cri-re u-ne li-gne.

DEUXIÈME PROCÉDÉ.

Un sabre, la poste, un juif, une pioche, la cloche, une broche, la jardinière.

Un violon juste, une liste, la grandeur de Dieu, la gloire du peuple juif, une tranche de bouilli, une tabatière d'or, une médaille de cuivre.

Adore un Dieu créateur, admire sa bonté, révère la grandeur de son pouvoir, la frugalité procure une santé robuste, regarde l'ordre admirable de la nature.

TROISIÈME PROCÉDÉ — *Dictée orale.*

Répétition générale.

TABLEAU DE RÉCAPITULATION
ET D'EXERCICES.

, ﹁ ⋀ H ﹐ ⌐ ‥

Gn oin on ou a oui b û h ul ps s ch è onc st
scr d ion spl t eul eur é bl il un ê c q tr ô f ian
k ill l gr fl m î e ieu ouan ué gl oir n uir è ui
ieur p pl iur uif cl d é gn ir io squ sc inc iel f
u tr ô vr on ê ur ian ch ab ou ouin ia ar ua d
ill pl ar ul vr pr ur u i ê o é e è j m l v n t z.

SIXIÈME CLASSE.

Lettres dont la prononciation varie.

C	=	s	dans	ceci, Cécile.
G	=	j	»	cage, Gille.
S	=	z	»	bise, rose.
SS	=	s	»	poisson, paresse.
T	=	si	»	action, émotion.

Exercice sur le C.

PREMIER PROCÉDÉ.

Ar-ti-fi-ce, a-va-ri-ce, cè-le-ri, ce-lui, ce-ci, cè-dre, ce-la, cé-lè-bre, cé-ci-té, cé-les-te, cé-lé-ri-té, cé-ré-al, cé-ré-bral, cer-cle, ci-li-ce, ci-ga-le, ci-go-gne, ci-me, ci-té, ci-vi-li-té, cla-ve-cin, dé-li-ce, do-ci-le, dou-ceur, du-pli-ci-té, é-di-fi-ce, é-lé-gan-ce, fa-ce, far-ce, fa-ci-le, fé-li-ci-té, fé-ro-ce, grà-ce, gri ma-ce, in-stan-ce, in-vin-ci-ble, jus-ti-ce, lar-cin, ma-li-ce, mi-li-ce, min-ce.

DEUXIÈME PROCÉDÉ.

Modicité, multiplicité, municipal, négoce, nièce, noce, novice, place, police, préface, prince, principal, procédé, propice, caprice, ca-pucine, calice, coriace, caducité, capacité, ciel, dédicace, écorce, merci, service, tenace, va-

2

cance, vivace, vorace, calciné, sagacité, véra-
cité, précoce, sincère, racine, rétréci, récipro-
cité, sacrifice, sacerdoce, précepteur, vice.

Nota. Répéter ici que l'*e* articulé, quoique sans accent,
est toujours ouvert.

TROISIÈME PROCÉDÉ. — *Dictée orale.*

Exercice sur la cédille

Ç = s dans :

PREMIER PROCÉDÉ.

Ba-lan-çoi-re, ca-le-çon, ca-pa-ra-çon, cura-
ço, en-fon-çu-re, é-tan-çon, fa-çon, fa-ça-de,
gar-çon, gla-çon, ger-çu-re, à l'in-çu, le-çon, li-
ma-çon, il per-ça.

DEUXIÈME PROCÉDÉ.

Inaperçu, maçon, perçoir, pinçon, plançon,
poinçon, rançon, reçu, rinçure, perçante, me-
naçante, glaçante, seneçon, soupçon, tronçon.

TROISIÈME PROCÉDÉ. — *Dictée orale.*

Exercice sur le G.

G = j dans les mots :

PREMIER PROCÉDÉ.

A-ge, ca-ge, gê-ne, cier-ge, cler-gé, gé-mir,
ger-me, ge-nou, ger-be, gî-te, gi-vre, lar-ge,
lin-ge, i-ma-ge, pa-ge, sa-ge, sin-ge, ti-ge, ver-
ge, vier-ge, ga-ge, or-ge, gor-ge, gé-né-ral,
a-gi-le, ar-gi-le, ci-ra-ge, à la na-ge, o-ra-ge,

lou-an-ge, o-ri-gi-ne, o-ran-ge, ré-gi-me, ti-ra-ge, ba-ga-ge, ba-di-na-ge, bo-ca-ge.

DEUXIÈME PROCÉDÉ.

Bourgeon, chargeur, pigeon, escourgeon, gageure, logeable, mangeable, mangeoire, nageoire, obligeance, rougeole, plongeon, badigeon, (geai, jaugeage). (*)

Ecrivez par un j :

Acajou, adjectif, bijou, conjecture, déjà, déjeûné, déjeté, jérémiade, jésuite, je, jeté, jeton, joujou, jeu, jeudi, à jeûn, jeune, injecté, majesté, il objecte, projeté, rajeuni, rejeté, rejeton, surjeté.

TROISIÈME PROCÉDÉ. — *Dictée orale.*

Exercice sur le S *et sur le* Z.

PREMIER PROCÉDÉ.

S = z :

Bi-se, bri-se, be-soin, ca-se, cri-se, dé-sir, do-se, loi-sir, mu-se, ru-se, ti-son, toi-son, voi-sin, tré-sor, u-sé, o-sé, Meu-se, poi-son, a-si-le, be-sa-ce, be-so-gne, Be-san-çon, ca-ser-ne, ca-pri-cieu-se, bou-deu-se, ce-ri-se, de-vi-se, é-pui-sé, li-siè-re, ma-su-re, nui-si-ble, in-fu-sion, fri-su-re, ja-lou-se, peu-reu-se, par-leu-se, ri-si-ble, vi-si-te.

(*) Les mots entre parenthèses ne sont que pour celles qui lisent le Principe pour la deuxième fois.

DEUXIÈME PROCÉDÉ. — *Ecrivez par un z.*

Azote, Lozère, Corèze, alize (ou azérole), azur, bazar, bizé, douze, la gaze, gazeuse, gazomètre, gazon, gazouillé, amazone, apozème, gazé, douzième, Lazare, lézarde, luzerne, mélèze, Suze, topaze, vizir, lazariste, alèze, diapazon, dizain, dizaine, Mazarin, (bezan, gazelle, bizarre, horizon, lazaret, lézard, treize, seize, suzerain, azyme), et quelques noms propres.

TROISIÈME PROCÉDÉ. — *Dictée orale.*

Suite du S.

PREMIER PROCÉDÉ.

(*) A-ne-sse, a-ssa-ssin, a-ssi-du, bo-sse, bro-sse, ba-sse-sse, bé-ca-sse, ba-ssi-ne, bui-sson, ca-re-sse, ca-sse-ro-le, ca-sso-na-de, la cha-sse, la cla-sse, cra-sse, co-sse, cro-sse, cui-sson, dé-so-ssé, dé-tre-sse, de-sser-vi, é-cre-vi-sse, fo-sse, gou-sse, gro-ssiè-re, gra-sse, gro-sse, gé-né-ra-li-ssi-me, jus-te-sse, le-ssi-ve, mala-dre-sse, la-ssi-tu-de, ma-sse, ma-ssif, mé-la-sse, mé-li-sse, me-ssa-ge, me-sse, mi-ssi-ve, mo-le-sse, mou-sse. né-ce-ssi-té, no-ble-sse,

---

(*) Dire aux enfants que l'*e* suivi d'une articulation double (c'est-à-dire de deux articulations semblables) est toujours ouvert quoique sans accent.

po-ssé-dé, po-ssi-ble, pou-ssiè-re, pou-ssé, pou-ssin, pré-dé-ce-sseur, pre-ssé, prin-ce-sse, pro-me-sse, ra-ssu-ré, ra-ma-ssé, ré-gi-sseur, ré-gli-sse, ri-che-sse, ru-de-sse, sè-che-re-sse, se-cou-sse, sou-ple-sse, sou-ssi-gné, pa-ssé, ta-pi-ssé, ta-sse, ti-ssu, tre-sse, tris-te-sse, tu-ssi-la-ge, vi-te-sse, vi-ssé.

DEUXIÈME PROCÉDÉ.

Ecrire par s et non par c :

Anse, danse, ganse, transe, éclipse, insipide, inverse, réponse, traverse, traversin, arsenal, insigne, du sel, la serpe, sec, sécurité, semé, séné, semestre, sévère, sérénité, sermon, service, bourse, course, converse, sincère, siècle, siège, serge, signe, le sien, signé, sillon, simultané, similitude, singularité, site, universel, université, à verse, versé, le sieur, servir, seconde, secte, secrète, séduire, séjour, séparé, sépulcre, sérénade, sève, se, si, sinistre, selon, semaille, sénateur, sènevé, serviteur, sérieuse, sévir.

TROISIÈME PROCÉDÉ. — Dictée orale.

Exercice sur les mots en ssion et en sion.

PREMIER PROCÉDÉ.

Ad-mi-ssion, con-fe-ssion, con-ce-ssion, con-

2.

cu-ssion, di-gre-ssion, dis-cu-ssion, é-mi-ssion, in-ter-ce-ssion, mi-ssion, o-mi-ssion, pa-ssion, per-mi-ssion, po-sse-ssion, pro-ce-ssion, sou-mi-ssion, trans-gre-ssion, trans-mi-ssion, in-tro-mi-ssion, ob-se-ssion, ré-gre-ssion.

Répulsion, incursion, réversion, conversion, contorsion, dispersion, diversion, émulsion, émersion, inversion, subversion, version, pression, profession, progression, perversion, jussion, rémission, convulsion, session, soumission, transmission.

TROISIÈME PROCÉDÉ. — *Dictée orale.*

Exercice sur le T.

PREMIER PROCÉDÉ.

T = ci dans :

Ac-tion, é-mo-tion, dé-vo-tion, po-tion, la por-tion, ra-tion, fic-tion, o-bla-tion, ré-fec-tion, ré-cré-a-tion, ré-pu-ta-tion, frac-tion, né-ga-tion, sé-pa-ra-tion, u-sur-pa-tion, in-vo-ca-tion, vé-né-ra-tion, cap-tieu-se, fac-tieu-se, i-ni-tial, i-ni-tia-ti-ve, in-sa-tia-ble, mar-tial, ni-co-tia-ne, nup-tial, par-tial, par-tiel, sé-di-tieu-se, sub-stan-tiel, su-per-sti-tieu-se, mi-nu-tieu-se, bal-bu-tié, sa-tié-té, i-ni-tié.

DEUXIÈME PROCÉDÉ.

(*) Argutie, aristocratie, démocratie, Croatie, Dalmatie, diplomatie, facétie, inertie, ineptie, minutie, Nigritie, primatie, suprématie, Capétien, Dioclétien, Gratien, dévotieuse, tribunitien, Vénitien, facétieuse.

TROISIÈME PROCÉDÉ. — *Dictée orale.*

T = t dans les mots :

A-mi-tié, moi-tié, bas-tion, mix-tion, bes-tial, bes-tio-le, cha-tiè-re, ci-me-tiè-re, di-ges-tion, ges-tion, por-tiè-re, sa-bo-tiè-re, ra-tiè-re, Sébas-tien, ta-ba-tiè-re, char-cu-tiè-re, frui-tiè-re, ma-tiè-re, pé-nul-tiè-me.

DEUXIÈME PROCÉDÉ.

Amnistie, garantie, ortie, partie, répartie, soutien, le tien, pitié, châtié, panetière, altière, usufruitière, entretien, pétiole.

TROISIÈME PROCÉDÉ. — *Dictée orale.*

(Nous reviendrons plus tard sur le T.)

Exercice sur le X.

X = c :

Excédé, excepté, exception, excessif, excité.

X = cs :

Alexandre, anxiété, axe, axiome, axonge,

(*) Dire que l'*e* final des mots en *ic* est nul.

bissextil, équinoxe, exclure, excursion, excuse, expansion, expié, expédié, exploité, expulsion, extase, externe, expiré, extérieur, extrême, extirpé, flexible, fixée, fluxion, génuflexion, inexplicable, inexprimable, inflexion, réflexion, maxime, Mexique, mixte, paradoxe, perplexité, prétexte, proximité, rixe, saxon, taxe, texte, vexé. (*)

X = gz :

Exigé, exalté, examiné, exaspéré, exécuté, exercé, exercice, exigu, existé, exil, exorde, exorcisé, exode, exotique, inexorable, (exaucé).

X = ss :

(**) Auxerre, Auxonne, soixante, Aix (en Provence), (Bruxelles).

X = z :

Deuxième, dixième, sixième.

Sons et articulations synonymes (6° classe).

Sons.

Ai ei	=	è ê :	laine, peine, la chaîne.
Au	=	ô :	jaune, aumône.
Aü	=	a-u :	Esaü, Saül.

(*) L'e qui est suivi d'un *x*, quoique ouvert, ne prend point d'accent.

(**) Dire que quand il y a deux articulations semblables, la seconde est nulle et que l'e est ouvert.

Am, em, en = an :   ambition, empire, enfance.
Im   =   in :   impression.
Om   =   on :   compassion.
Y   =   i :   mystère, système.
Y   =   i i :   royal, paysan.

Articulations synonymes.

Ph   =   f :   phrase, phosphore.
Il   =   ill :   deuil, cerfeuil.
Il   =   ill :   fille, bouteille.
L   =   ill :   pareil, soleil, péril.
Ch   =   k :   chrétien, chronique.
Qu   =   k :   qui, quoi, quel.

Exercice sur les sons et sur les articulations synonymes.

PREMIER PROCÉDÉ.

Ai = è :

Air, ai-le, ai-gre, ai-gle, ai-de, ai-mé, ai-ma-
ble, ai-san-ce, ai-sé, bai-gné, bai-ssé, brai-se,
cai-sse, ca-pi-tai-ne, chai-se, châ-tai-gne, clair,
con-su-lai-re, con-trai-re, cor-sai-re, dé-blai,
dé-lai, dé-po-si-tai-re, dis-trai-re, é-clair, é-
clai-ré, é-lé-men-tai-re, é-mi-ssai-re, e-ssai,
ex-trai-re, é-pai-ssir, é-pis-to-lai-re, fai-re, fa-
nai-son, (ou fe-nai-son), fai-né-an-ti-se, fleu-
rai-son, flai-ré, fon-tai-ne, for-mu-lai-re, frai-
se, glai-ve, grai-ne, grai-sse, i-ti-né-rai-re, lai-

de, lai-ta-ge, lai-ssé, li-brai-re, liai-son, lo-ca-tai-re, un ma-lai-se, mai-son, mai-gre.

Migraine, militaire, mercenaire, nécessaire, niaise, neuvaine, notaire, oculaire, oraison, ordinaire, originaire, paisible, parfaite, plaire, plaisir, polaire, planétaire, poitrinaire, porcelaine, préliminaire, propriétaire, raisin, raison, retraite, rosaire, il saigne, saisir, saison, salaire, solaire, salutaire, satisfaire, secondaire, secrétaire, semaine, séminaire, solitaire, soustraire, se taire, téméraire, terminaison, tributaire, traire, usuraire, vaine, vinaigre, vocabulaire, vrai, vulgaire, vulnéraire, volontaire, exemplaire, reliquaire.

Aî = ê :

Aîné, faîne, fraîche, naître, paître, paraître, rafraîchi, traîné.

Exercice sur les sons ei , au *et* aü.

Ei = ê :

Ba-lei-ne, nei-ge, pei-ne, pei-gne, sei-gle, la Sei-ne, sei-gneur, sei-ze, trei-ze, la rei-ne, tei-gne, vei-ne, ver-vei-ne, (em-pei-gne, en-sei-gne, en-sei-gné).

Au = ô :

Au-be, au-ba-de, au-bai-ne, au-ber-ge, au-bé-pi-ne, au-cun, au-da-ce, aug-men-té, au-gus-te, au-ro-re, au-ssi, au-tre, au-teur, au-tel, aus-tè-re, au-to-ri-té, au-tour, au-trui, bau-me, cau-se, cau-sé, cau-tion, chau-dron, chau-me.

DEUXIÈME PROCÉDÉ.

Chaussure, chausson, échaudé, émeraude, épaule, faute, gauche, goufre, gaule, guimau-ve, fauve, faucon, jaune, auxiliaire, laurèle, lauréole, maudire, maussade, mauve, mau-vaise, naufrage, pause, principauté, papâuté, paume, paupière, pauvre, plausible, précau-tion, ravaudeuse, restauré, sauce, saule, sau-mon, saupoudré, saumure, sauvé, taupe, vau-tour.

Aï, oï, aü = a-i, o-i, a-u.

Glaïeul, naïade, Moïse, Esaü, Saül, aïeul, caïeu, gaïac, jaïr, Jamaïque, laïque, (faïence).

TROISIÈME PROCÉDÉ. — *Dictée orale.*

Exercice sur le son en.

En = an :

Ab-sen-ce, ab-sti-nen-ce, a-li-men-té, a-ven-tu-re, cré-den-ce, cen-dre, char-pen-te, cen-tre, ci-men-té, clé-men-ce, con-fé-ren-ce, con-fiden-ce, con-sen-ti, con-ten-te, con-ten-tion, con-ven-tion, cor-pu-len-ce, dé-cen-ce, dé-ca-den-ce, den-té, dé-fen-dre, dé-fé-ren-ce, dé-men-ce, dé-men-ti, di-li-gen-ce, di-men-sion, dé-pen-se, dis-pen-se, di-vi-den-de, é-mi-nen-ce, é-lo-quen-ce, en-ca-dré, en-cai-ssé, en-ca-vé, en-chi-fre-né, en-fon-cé, en-ga-gé, en-co-re, en-can, en-té, en-ten-dre, en-tiè-re, en-tre-mi-se, en-tre-pren-dre, en-tre-tien, e-ssen-ce, é-ten-dre, é-ven-té, é-vi-den-ce, fen-dre, fer-men-té, fer-ven-te, Flo-ren-ce.

DEUXIÈME PROCÉDÉ.

Fréquenté, identifié, incidente, inconséquence, indolence, indulgence, insensé, insolence, intervention, invention, exigence, existence, expérience, extension, lente, mendiante, mensonge, magnificence, menton, pension, patience, pente, pentecôte, préférence, prendre, présence, présidente, prétendre, prévention, propension, providence, prudence, ralenti, récente, rendre, rencontre, renforcé, rentré, rente, renvoi, renversé, ralentir, révérence, repentir, représenté, résidence, sarmenteuse, sédentaire, semence, sensation, sensé, sentir, septentrion, silence, splendeur, tendre, tenture, trente, turbulente, urgente, ustensile, vendre, violence, (enseigne).

TROISIÈME PROCÉDÉ. — *Dictée orale.*

Exercice sur le son polygramme an.

An-dou-ille, an-se, an-té-rieur, an-ti-ci-pé, an-ti-po-de, a-ssu-ran-ce, a-van-ce, ba-lan-ce, ban-dé, bien-sé-an-ce, blan-che, ca-dran, a-bon-dan-ce, char-man-te, qua-ran-te, cin-quan-te, con-fian-ce, con-stan-ce, con-te-nan-ce, dan-se, dé-fian-ce, dé-li-vran-ce, de-man-dé, cham-bre, chan-té, de-van-cé, é-bran-lé, é-lan, é-pou-van-té, é-tran-ge, fran-che, fran-ge, fran-gi-pa-ne, gi-ran-do-le, i-gno-ran-ce, gan-té, glan-de, glu-an-te, gour-man-de, guir-lan-de, in-fan-te, in-té-re-ssan-te, in-stan-ce, in-sou-cian-te.

DEUXIÈME PROCÉDÉ.

Lance, lancé, langue, languir, lanterne, manche, manchon, manqué, marchande, méchante, nonchalance, nuance, océan, pantalon, persévérance, persistance, prévenance, plaisance, pressante, caressante, prestance, planche, quantième, quantité, rance, répugnance, réprimande, répandre, tranchante, tanche, tranche, transparente, safran, sandaraque, sanglante, substance, tolérance, transporté, viande, vigilance, vengeance, vendange, vidange, enfance.

Exercice sur les sons am, em, im *et* om.

PREMIER PROCÉDÉ.

Ambigu, om-bre, a-ssem-bla-ge, em-blè-me, em-bra-se, am-bi-tion, am-pu-ta-tion, em-bou-chu-re, en-sem-ble, em-bra-ssé, em-pi-re, mem-bre, rem-pa-illé, rem-pli, dé-cem-bre, sem-bla-ble.

DEUXIÈME PROCÉDÉ.

Novembre, septembre, trempé, trompé, em-ploi, empressé, emprunté, compétence, impa-tience, impertinence, impotente, imprudence, empeigne, impair, impartial, importance, Joa-chim (nom-propre d'homme).

*Exercice sur l'*Y.

Y = i :

A-zy-me, a-co-ly-te, a-na-ly-se, a-no-ny-me, a-po-cry-phe, cy-cle, cy-gne, co-ty-lé-don, cy-ti-se, cy-lin-dre, dey, é-ty-mo-lo-gie, é-ry-si-pè-le, u-ne ly-re, O-lym-pe, myo-pe, my-ria, mar-tyr, myr-te, mys-tè-re, pa-né-gy-ris-te, pa-ra-

ly-ti que, pa ren-chy-me, chy-le, po-ly-pe, gyp-
se, hyè-ne, mar-ty-re (le), mys-tè-re, sa-ty-re,
près-by-tè-re, pro-sé ly-te, py-ra-mi-de, sty-le,
sy-co-mo-re, sym-bo-le, sy-na go-gue, syn-co-pe,
sy-no-de, sy-nop-ti-que, sy-no-ny-me, Syl-ves-
tre, sy-mé-tri-que, syn-ta-xe, syn-car-pe, syndic, sy-ria-que, sys-tè-me, ty-pe, ty-ran, gym-
na-se, yeuse, (é-ty-mo-lo-gie), (ho-mo-ny-me),
(la-by-rin-the), (syllabe), (yeux, les yeux).
(yucca).

DEUXIÈME PROCÉDÉ.

Y = ii :

Crayon, doyen, envoyé, fuyarde, joyeuse,
loyal, loyauté, moyen, noyé, noyau, aloyau,
boyau, fourvoyé, larmoyante, payante, payé,
paysan, paysage, rayon, rayé, royal, royaume,
tuyau, balayé, bruyère, croyance, croyable,
savoyarde, fourvoyé, verdoyante, broyé.

TROISIÈME PROCÉDÉ. — *Dictée orale.*

Articulations synonymes.

PREMIER PROCÉDÉ.

Ph = f :

Lym-phe, nym-phe, por-phy-re, sym-pho-
nis-te, ty-po-gra-phi-que, phy-si-que, phy-sio-
no-mis-te, mé-ta-phy-si-que, né-o-phy-te, phy-
sio-lo-gis-te, po-ly-gra-phe, le zé-phir, zo-o-

phy-te, dia-pha-ne, em-pha-se, é-phé-mè-re, a-pos-tro-phe, a-po-cry-phe, blas-phè-me, ca-tas-tro-phe, é-pho-re, phos-pho-re, é-pi-gra-phe, é-pi-ta-phe, eu-pho-ni-que, géo-gra-phi-que, cos-mo-gra phi-que, li-mi-tro-phe, lo-go-gri-phe, Al-phon-se, Jo-se-ph, stro-phe, (cam-phre), (Phi-lip-pe).

DEUXIÈME PROCÉDÉ.

Méphitique, néphrétique, métamorphose, métaphore, néographe, orphelin, paragraphe, paraphrase, périphrase, phaéton, phalange, phare, Pharaon, pharisien, pharmacien, pharmaceutique, phase, phénomène, philosophe, phosphorique, phrase, prophétie, saphir, Séraphin, sphère, télégraphe, topographique, triomphe, uranographique, sophisme, (alphabet), (amphitéâtre), (phthisie, physiologie).

TROISIÈME PROCÉDÉ. — *Dictée orale.*

Exercice sur l'articulation synonyme ill.

Il = ill :

Che-vreuil, cer-feuil, deuil, é-cu-reuil, fau-teuil, fe-nouil, seuil, ail, bail, ber-cail, bé-tail, ca-mail, é-mail, é-van-tail, por-tail, tra-vail, co-rail, sou-pi-rail, sé-rail van-tail.

L = ill :

A-ppa-reil, con-seil, é-veil, or-teil, so-leil, ré-veil, ba-bil, pé-ril, gré-sil.

LL = ill :

A-bei-lle, bou-tei-lle, gro-sei-lle, mei-lleur, tei-lle, tre-ille, o-rei-lle, o-sei-lle, vei-lle, viei-lle, vei-lleu-se, viei-lle-sse, bien-veï-llance, sur-vei-llan-ce, bi-lle, fi-lle, qui-lle, fi-lleul, an-gui-lle, la gri-lle, gri-lla-de, pa-pi-llon, fa-mi-lle, (ai-gui-lle).

Exercice sur le Q.

An-ti-que, a-pos-to-li-que, a-ra-bi-que, as-tro-no-mi-que, chi-mé-ri-que, cla-ssi-que, é-co-no-mi-que, cri-ti-que, é-las-ti-que, do-mes-ti-que, can-ti-que, a-queu-se, a-quo-si-té, a-qui-lon, lo-qua-cité, qua-li-té, qua-li-fié, quan-ti-té, qua-ran-tai-ne, qua-tre, qua-tor-ze, quar-te, le quai, quan-tiè-me, quar-te-ron, qua-si, quo-ti-dien, re-mar-qua-ble, cho-quan-te, cro-quan-te, mar-quan-te, é-vê-que, mar-que, man-qué, bar-que, ban-que, ba-ra-que, ba-ro-que, brus-que, cha-que, la co-que, é-po-que, é-qui-vo-que, flas-que, (quar-tier).

Qu = kou :

Aquatique, quadruple, quadruplé, quadru-
pède, quadragénaire, Quadragésime, in-quarto,
quartz, équateur, équation.

Qu = kui :

A quia, quintuple, équestre, Quinte-Curce,
liquéfaction, quiétisme, équitation, quinquagénaire, Quinquagésime.

TROISIÈME PROCÉDÉ. — *Dictée orale.*

Exercice sur le ch.

PREMIER PROCÉDÉ.

Ch = k dans :

Ar-chan-ge, ar-chon-te, ar-chié-pis-co-pal,
a-na-cho-rè-te, a-na-chro-nis-me, cho-ris-te,
eu-cha-ris-ti-que, or-ches-tre, tech-ni-que, pa-
tri-ar-chal, cho-lé-ra, Mu-ni-ch, ich-neu-mon,
Cher-so-nè-se, chlo-re, Chal-cé-doine, chal-dé-
en, chlo-ru-re, chry-so-ca-le, chré-tien, chris-
tia-nis-me, chrô-me, chro-ni-que, chro-no-lo-
gi-que, Chry-sos-to-me, chry-sa-li-de, chré-
meau, chro-ma-ti-que, cho-lé-ri-que, cho-ro-
gra-phi-que, Mi-chel-An-ge, A-ché-loüs, (Achmet), (A-chab, A-chior, Na-chor, Na-bu-cho-do-
no-sor, Mel-chior), (chry-san-thè-me).

DEUXIÈME PROCÉDÉ.

Ch = ch dans :

Archevêque, archidiacre, archiprêtre, architecte, archiduc, chimique, chirurgien, chérubin, archipel, Michel, Achéron ou mieux Akéron, Bacha (titre d'honneur en Turquie) ou Pacha, Michole ou Mikole, Melchisédec ou Melkisédec, (Achille), (Ezéchias ou Ezékias).

TROISIÈME PROCÉDÉ. — *Dictée orale.*

Répétition générale.

SEPTIÈME CLASSE.

Lettres nulles.

A	est nul dans	pain	=	pin.
E	—	beauté	=	bauté.
E	—	folie	=	foli.
E	—	vue	=	vu. (*)
E	—	craie	=	crai.
E	—	queue	=	queu.
E	—	joue	=	jou.
E	—	joie	=	joi.
E	—	journée	=	journé.

(*) Mais il fait qu'on appuie davantage sur les sons qui le précèdent.

E	—	suie	=	sui.
O	—	sœur	=	seur.
U	—	langue	=	langhe.
E	—	plongeon	=	plonjon.

Articulations.

H	est nul dans habile	=	abile.
H	— cahoté	=	caoté.
H	— rhume	=	rume.
H	— théâtre	=	téâtre.
B	— abbé	=	abé.
C	— occupé	=	ocupé.
F	— affaire	=	afaire.
G	— aggravé	=	agravé.
L	— ballon	=	balon.
M	— pomme	=	pome.
N	— donne	=	done.
P	— appui	=	apui.
R	— beurre	=	beure.
T	— botte	=	bote.

Articulations finales nulles.

C	est nul dans broc	=	bro.
D	— nid	=	ni.
G	— sang	=	san.
L	— outil	=	outi.

P	—	drap	=	dra.
S	—	repos	=	repo.
T	—	salut	=	salu.
X	—	deux	=	deu.

Exercices sur les lettres nulles. (A)

PREMIER PROCÉDÉ.

Ain = in :

Ain-si, ai-rain, bain, cer-tain, crain-te, com-plain-te, con-tem-po-rain, a-fri-cain, con-train-te, a-mé-ri-cain, châ-tain, dé-dain, de-main, do-mi-ni-cain, dio-cé-sain, é-cri-vain, de l'é-tain, de l'en-train, du fu-sain, du grain, ger-main, le-vain, loin-tain, main, main-te, main-tien, mal-sain, mon-dain, nain, dou-çain, (lo-rrain), (ma-sse-pain).

DEUXIÈME PROCÉDÉ.

Le plain, la plainte, du plantain, le prochain, un quatrain, refrain, regain, républicain, ro-main, sainfoin, sacristain, sainte, sixain, sou-dain, souverain, train, ultramontain, vaincre, vainqueur, terrain ou (terrein), le vilain, (hu-main), (parrain).

Aim = in :

Daim, faim, étaim (laine).

Um = un :

Parfum.

Ein = in :

Astreindre, empreinte.

Enceinte, enfreindre, épreindre, éteindre, étreindre, l'enceinte, feinte, feindre, frein, peintre, peindre, éreinté, restreindre, serein, teindre (atteindre, atteinte).

TROISIÈME PROCÉDÉ. — *Dictée orale.*

PREMIER PROCÉDÉ.

Eau = ô :

Beau, bu-reau, ca-deau, châ-teau, cha-meau, cha-peau, che-vreau, co-peau, co-teau, cor-deau, cou-teau, cor-beau, ca-veau, cu-veau, dra-peau, de l'eau, é-cri-teau, es-ca-beau, far-deau, flam-beau, four-neau, fri-can-deau, gâ-teau, go-di-veau, gru-meau, lam-beau, lou-ve-teau, mar-teau, mon-ceau, moi-neau, ni-veau, oi-seau, pru-neau, la peau, per-dreau, tau-reau, trou-peau, tru-meau, ta-bleau, traî-neau, su-reau, tom-beau, trou-sseau, tom-be-reau.

DEUXIÈME PROCÉDÉ.

Rouleau, réseau, ruisseau, ponceau, soliveau, rameau, râteau, radeau, pourceau, plateau, nouveau, roseau, rideau, pinceau, chêneau, cerceau, cerneau, litéau, du veau, le vaisseau.

TROISIÈME PROCÉDÉ. — *Dictée orale.*

Ie et uie = i :

U-ne a-mie, la suie, la par-tie, de la char-pie, l'or-tie, la vie, la fan-tai-sie, u-ne pa-ra-ly-sie, la rô-tie, la gé-o-gra-phie, a-phé-lie, am-phi-bie, am-nis-tie, Ar-go-vie, gé-nie, go-bie, im-pie, in-cen-die, le Me-ssie, pa-ra-pluie, pé-ri-hé-lie, so-sie, sco-lie, etc., etc.

Ue = u :

Avenue, bévue, grue, entrevue, issue, massue, morue, nue, rue, recrue, revue, retenue, une statue, tenue, tortue, berlue, laitue, venue, vue, (verrue).

Aie = ai :

Craie, claie, baie, paie, plaie, raie, ivraie.

Eue = eu :

Banlieue, la lieue, queue.

Oue = ou :

Boue, joue, moue, roue, proue.

Oie = oi :

Joie, oie, proie, soie, Savoie, lamproie, (la courroie).

Ée = é :

Armée, araignée, assemblée, cornée, durée,

dragée, épée, fricassée, fumée, fusée, gelée, Borée, Elysée, Empyrée, hyperborée, lycée, mausolée, musée, trophée, etc. etc.

Œu = eu :

Œuf, œuvre, bœuf, sœur, (nœud).

Gu = g :

Guide, guêpe, langue, guise, guérir, guirlande.

TROISIÈME PROCÉDÉ. — *Dictée orale.*

Articulations nulles. (H)

PREMIER PROCÉDÉ.

Th = t :

A-pa-thie, au-then-ti-que, a-thée, a-thlè-te, a-na-thè-me, ca-tho-li-que, ca-thé-dra-le, é-pi-thè-te, en-thou-sias-me, ab-sin-the, go-thi-que, isth-me, ja-cin-the, la-by-rin-the, lé-thar-gie, lu-thé-rien, pa-ren-thè-se, men-the, mé-tho-de, é-thé-ré, mi-san-thro-pe, phi-lan-thro-pe, my-tho-lo-gie, or-tho-do-xe, or-tho-gra-phe, po-sthu-me, pan-thé-on, pan-thè-re, pa-thé-ti-que, sym-pa-thie.

DEUXIÈME PROCÉDÉ.

Du thé, thème, théâtre, théière, théiste, théo-logal, théologie, théorie, thermal, thermomètre, thésaurisé, thèse, thlaspi, Thuringe, thiare, thuia, Thyrse, phthisie, polythéisme, cantharide, thérébentine, bismuth, luth, Bath, zénith, cathécumène.

Rh = r :

Rhume, rhumatisme, rhabilleur, rhabillé, rhéteur, rhétorique, rhisophage, Rhône, rhubarbe, (catarrhe, myrrhe, squirrhe).

TROISIÈME PROCÉDÉ. — *Dictée orale.*

PREMIER PROCÉDÉ.

Prononcer aussi sans faire sentir l'*h* :

Bo-nheur, bo-nho-mie, da-hlia, ca-ho-té, co-hé-ren-ce, a-dhé-ren-ce, co-hor-te, co-hue, é-hon-té, é-her-bé, en-har-di, en-har-na-ché, ex-ha-lé, ex-hau-ssé, ex-hor-té, ex-hu-mé, en-va-hi, in-com-pré-hen-si-ble, i-nhé-ren-ce, i-nhu-main, i-nhumé, sur-hu-main, i-pé-ca-cua-nha, Jé-ho-vah, ma-lheur, sou-hai-ta-ble, sha-co, re-hau-ssé, ré-pré-hen-si-ble, vé-hi-cu-le, a-dhé-sion, vé-hé-men-ce, é-ba-hi, (a-ppré-hen-sion, a-bhor-ré, de-hors).

DEUXIÈME PROCÉDÉ.

Habillé, haleine, habile, habitation, habitude, hameçon, harmonie, hebdomadaire, hecto, héliotrope, hémérocale, hémisphère, herbe, hérésie, hermine, héritage, héroïque, il hésite, heure,

3.

heureuse, histoire, hiver, holocauste, hôpital, homogène, homonyme, honoré, horizon, hospice, hostie, hostile, hôte, huile, horloge, hortensia, hortolage, humain, humecté, humide, humeur, humilité, hasardé, hyacinthe, hydropique, hygiène, hymne, hypocrite, hysope, hypothèque, hydrogène, hyménée, hyperbole, hyperdulie, hypostatique, homme, honneur, honnête, horreur, hors, hirondelle, hommage.

H aspiré :

PREMIER PROCÉDÉ.

Dire qu'on doit prononcer sans élision ni liaison les mots suivants :

La ha-che, le ha-meau, la haie, un ha-illon, la hai-ne, ha-ïr, ha-bleur, ha-le-tan-te, un ha-mac, la han-che, la ha-ran-gue, ha-ra-ssé, har-ce-lé, har-di, la har-pe, la hau-teur, har-na-ché, hou-blon, hau-tain, un ha-vre-sac, un hé-ri-sson, la her-se, un hê-tre, un heur-toir, le ha-choir, la hié-rar-chie, hi-deu-se, la houe, la hou-sse, hou-leu-se, han-gar, Hen-ri.

DEUXIÈME PROCÉDÉ.

La houssine, la huitaine, le huitième, huguenote, humé, hurlé, heurté, le hibou, des haricots, des harengs, des hardes, un hautbois, le héros, des hussards, le houssard, un huzard (*), le huit, la honte, hâlé, le hâle, la hampe, hasardé, hâtif, hâvre, (la halle, la hotte, la houlette, la houppe, la hutte, le houx, le hoquet, hagard).

TROISIÈME PROCÉDÉ. — *Dictée orale.*

Des articulations doubles. (**)

B :

Abbé, abbaye, abbesse, gibbeuse, gibbosité, rabbin, Abbeville, (sabbat).

C :.

PREMIER PROCÉDÉ.

A-cca-blé, a-cca-pa-ré, ac*cé-lé- ré, ac*cen-té, ac*cep-té, a-ccla-ma-tion, a-ccli-ma-té, a-cco-la-de, a-cco-mmo-dé, a-ccom-pa-gné, a-ccom-pli, a-ccor-dé, a-ccou-rir, a-ccou-tu-mé, a-ccro-ché, a-ccroi-re, a-ccroî-tre.

DEUXIÈME PROCÉDÉ.

Ecclésiastique, occasion, oc*cidentale, occupé, occupation, occurence, inac*cessible, accrédité,

(*) Ce mot s'écrit de trois manières.

(*) Les deux articulations se font entendre dans tous les mots marqués d'une étoile.

raccommodé, saccagé, succombé, bac*cifère,
bac*ciforme, succulente, succursale, ac*cidentel.

TROISIÈME PROCÉDÉ. — *Dictée orale.*

D :

PREMIER PROCÉDÉ.

ad*di-tion, ad*duc-tion, red*di-tion, ad*di-
tio-nné, ad*duc-teur.

F :

A-ffa-ble, a-ffa-mé, a-ffec-té, a-ffec-tion, a-
ffec-ta-tion, a-ffer-mir, a-ffi-ché, a-ffir-mé, a-
ffli-gé, a-fflic-tion, a-ffai-blir, a-ffran-chir, a-
ffron-té, e-ffa-cé, e-ffa-ré, e-ffé-mi-né, e-ffeu-
illé, e-ffroi, e-ffra-yé, sou-ffle, sou-ffrir, su-ffir,
su-ffo-qué, su-ffra-ge, di-ffa-mé, di-ffé-ren-ce.

DEUXIÈME PROCÉDÉ.

Différé, difficile, difficulté, difforme, diffuse,
bouffi, bouffon, boursoufflé, buffle, chiffon,
chiffre, coffre, chauffage, ébouriffé, greffe,
gouffre, griffonné, raffiné, sifflé, touffu, (buffet,
greffier, taffetas).

TROISIÈME PROCÉDÉ. — *Dictée orale.*

G :

PREMIER PROCÉDÉ.

A-gglu-ti-né, sug*gé-ré, sug*ges-tion, a-ggra-
vé ou a-gra-vé, a-gglo-mé-ré ou a-glo-mé-ré.

L :

A-llé-gé, al*lé-go-ri-que, a-llié, a-llian-ce, a-llu-mé, a-llu-me-tte, a-llu-sion, al*lo-ca-tion, co-lle, co-lla-tion, co-llec-tif, co-llec-tion, co-llè-ge, co-llé-gial, co-llè-gue, co-lle-re-tte, co-lle-té, co-lli-ne, co-lly-re, il*lé-gal, il*li-ci-te, il*lu-mi-né, il*lu-sion, il*lus-tre, il*li-mi-té.

DEUXIÈME PROCÉDÉ.

Balle, la malle, un intervalle, il déballe, il installe, j'intercalle, une salle, chapelle, citadelle, javelle, citronelle, parallèle, elle, calville, Gille, imbécille ou imbécile, libelle, rebelle, pupille, tranquille, ville, je distille, ellébore, ellipse, (dalles).

TROISIÈME PROCÉDÉ. — *Dictée orale.*

M :

PREMIER PROCÉDÉ.

Co-mman-de, co-mme, co-mmen-çan-te, co-mmen-cé, co-mmen-sal, co-mmen-tai-re, co-mmer-çan-te, co-mmè-re, co-mme-ttre, co-mmi-ssion, co-mmo-de, co-mmun, co-mmu-nau-té, co-mmu-ni-qué, co-mmu-nion, gra-mme, gra-mmai-re, fla-mme, pro-gra-mme, po-ly-gra-mme, é-pi-gra-mme, ki-lo-gra-mme, no-mmé.

DEUXIÈME PROCÉDÉ.

Consommé, accommodé, endommagé, gomme, pomme, somme, il sonne, sommeil, som-
mité, Em*manuel, im*mangeable, im*manqua-
ble, im*médiate, im*mémorial, im*mense, im*-
minente, im*mobile, im*modéré, im*molé, im*-
mortalité, im*monde, im*mortalisé, im*mortifié,
im*mortelle, homme, hommage.

TROISIÈME PROCÉDÉ. — *Dictée orale.*

N :

PREMIER PROCÉDÉ.

Ad*di-tio-nné, car-to-nné, con-di-tio-nné,
fes-to-nné, so-nné, bo-nne, ba-ro-nne, il do-nne,
je fri-sso-nne, j'or-do-nne, qu'il tie-nne, qu'il
vie-nne, qu'il pre-nne, qu'il sou-tie-nne, ba-
nnir, ba-nniè-re, co-nnaî-tre, co-nni-ven-ce.

DEUXIÈME PROCÉDÉ.

Baïonnette, ennemi, monnayeur, tonneau,
tonnerre, tanné, vanné, anneau, annuel, annu-
lé, annoncé, innombrable, innocence, in*né,
in*nové, an*nulé, paysanne, panne, rouanne,
ancienne, musicienne, païenne, prussienne,
honneur, honnête.

TROISIÈME PROCÉDÉ. — *Dictée orale.*

P :

Su-pplée, su-pplié, su-ppli-ca-tion, su-ppli-ce, su-ppli-que, su-ppor-té, su-ppo-sé, su-ppri-mé, su-ppu-ra-tif, o-ppor-tun, o-ppo-si-tion, o-ppro-bre, a-ppa-reil, a-ppa-ren-ce, a-ppa-ri-tion, a-ppar-te-nir, a-ppau-vrir, a-ppel, a-ppe-lé.

Appendice, appesantir, applaudir, appliqué, apporté, apprécié, apprendre, apprenti, apprê-te, approche, approuvé, approprié, apprivoisé, appui, grappe, nappe, nippe, développé, écha-ppé, je développe, j'échappe, je frappe, il jappe, appréhendé.

R :

Ir*ré-flé-chi, ir*ré-fra-ga-ble, ir*ré-gu-la-ri-té, ir*ré-li-gion, ir*ré-mé-dia-ble, ir*ré-mi-ssi-ble, ir*-ré-pa-ra-ble, ir*ré-pro-cha-ble, ir*ré-so-lu, ir*ré-vé-ren-ce, ir*ré-vo-ca-ble, ir*ri-té, ir*rup-tion, gue-rre, co-rrec-tion, co-rres-pon-dan-ce, co-rri-dor, co-rri-gé, co-rro-sif, co-rro-yeur.

Je cour*rai, il mour*ra, j'enverrai, je pourrai, il verra, il acquer*ra, arraché, arrangé, arrêté, arrivé, arrosé, arrondi, arrière, barre, carré, bourrelé, barricade, cr*ré, interrogé, interrompre, jarretière, narré, nourri, pourri, serré, barrette, barrière, bourrache, bourrasque, bourre, beurre, carrelage, carrière, carriole, carrosse, carrure, charrette, charrue, courroucé, derrière, erroné, fourreau, marron, marraine, parrain, parricide, perron, perruque, porreau, serrure, terreau, terrine, torride, verrou, bizarre, clore, lierre, pierre, erreur, errata, inter*règne, abhor*ré, er*roné.

TROISIÈME PROCÉDÉ. — *Dictée orale.*

T :

PREMIER PROCÉDÉ.

A-tta-ché, a-tta-qué, a-ttein-dre, a-tte-lé, a-tten-dre, a-tten-drir, a-tten-tion, a-tté-nué, a-tté-ré, a-ttes-té, a-tti-rail, a-tti-ré, a-tti-sé, a-tti-tu-de, a-ttra-pé, a-ttri-bué, a-ttri-tion, a-ttrou-pé, be-tte, be-tte-ra-ve, é-gou-tté, é-mie-tté, fro-tté, gra-tté, gre-lo-tté, qui-tté, re-gre-tté, ver-ge-tté, me-ttre, mie-tte, li-tté-ra-tu-re, so-tti-se, trompe-tte, ba-gue-tte, ban-que-tte, a-ssie-tte, emple-tte, de-tte, j'a-che-tte, je je-tte.

DEUXIÈME PROCÉDÉ.

Botte, calotte, carotte, échalotte, flotte, grio-
tte, grotte, marcotte, marmotte, marotte, motte,
je frotte, il trotte, je marmotte, hotte, barotte,
batte, chatte, jatte, latte, natte, je flatte, une
goutte, il dégoutte, il lutte, lunette, fritte, man-
chette, fourchette, sotte, muette, sujette, acqui-
tté, pit*toresque, piquette, roquette, vannette,
hutte, at*tique, at*ticisme, nettoyé, (mouchettes,
pincettes).

TROISIÈME PROCÉDÉ. — *Dictée orale.*

SUITE DE LA SEPTIÈME CLASSE.

Lettres nulles finales.

PREMIER PROCÉDÉ.

B, et C. = Plomb, aplomb.

Co-ti-gnac, ta-bac, al-ma-na-ch, broc, a-ccroc,
blanc, banc, franc, jonc, tra-fic, a-lam-bic,
char-à-banc, a-jonc, croc, es-to-mac, ins-tinct,
franc-réal, porc frais.

D :

Brou-illard, bran-card, bi-llard, é-pi-nard,
é-ten-dard, é-gard, fou-lard, lé-o-pard, lord,
mi-lord, mi-lliard, du nard, un nid, pé-tard,

pla-fond, or-di-nand, re-mords, viei-llard, re-bord, gland, muid, nœud, hu-ssard, ha-sard, pied.

DEUXIÈME PROCÉDÉ.

Bord, accord, abord, brigand, froid, lard, canard, crapaud, échafaud, dard, discord, fard, friand, gourmand, gourd, grand, Lombard, lézard, liard, montagnard, moribond, marchand, normand, le nord, profond, retard, regard, renard, tard, tisserand, vagabond, rond, révérend, isard, (poignard).

TROISIÈME PROCÉDÉ. — *Dictée orale.*

F :

PREMIER PROCÉDÉ.

Cerf, clef, éteuf, bœuf gras, chef-d'œuvre, cerf-volant.

G :

Bé-ring, ca-lem-bourg, joug, o-rang ou o-rang-ou-tang, ster-ling, Stras-bourg, fau-bourg, long, ob-long, rang, sang, un legs, le poing, ha-reng.

L :

Che-nil, cou-til, ba-ril, four-nil, frai-sil, gen-til, fu-sil, ou-til, gril, per-sil, sour-cil.

P :

Loup, si-rop, can-ta-loup, prompt, prin-
temps, temps, trop, beau-coup, cep, corps,
drap, ga-lop, camp, le champ.

S :

DEUXIÈME PROCÉDÉ.

Canevas, frimas, chasselas, repas, verglas,
cabas, un bas, un ananas, le cervelas, coutelas,
patras, jaconas, galimatias, galetas, glas, lilas,
platras, taffetas, hélas, dais, jais, frais, marais,
laquais, panais, relais, désormais, jamais, décès,
congrès, auprès, succès, abatis, brebis, châssis,
cliquetis, coloris, croquis, coulis, commis, dervis, gâchis, glacis, logis, panaris, paradis, par-
vis, pilotis, radis, salsifis, salmis, souris, taillis,
treillis, torticolis, buis, cambouis, puits, chène-
vis, hachis.

TROISIÈME PROCÉDÉ. — *Dictée orale.*

Suite du S.

PREMIER PROCÉDÉ.

An-chois, em-pois, se-cours, con-cours, toujours, à re-bours, re-cours, ve-lours, en-clos,
hé-ros, ta-lus, plus, a-illeurs, d'a-illeurs, plusieurs, près de, a-lors, à l'en-vers, de-dans,

nous, vous, tous, ils, moins, re-vers, cy-près, suc*cès, très, jus, fron-cis, a-bus, a-nis, a-vis, bois, bis, di-vers, en-cens, dos, sur-plis, Pa-ris, pro-grès, ra-bais, re-pos, os.

DEUXIÈME PROCÉDÉ.

Pays, biais, travers, bois, trois, fois, tapis, univers, verjus, vernis, Louis, pertuis, procès, tors, retors, de l'acquis, marquis, mépris, tamis, amas, bras, cadenas, cas, compas, damas, gras, gros, échalas, embarras, fracas, matelas, pas, un pas, ramas, tas, sas, trépas.

TROISIÈME PROCÉDÉ. — *Dictée orale.*

T :

PREMIER PROCÉDÉ.

For-fait, a-ttrait, por-trait, trait, art, a-bri-cot, com-plot, flot, ja-bot, ma-te-lot, pot, pi-vot, ra-bot, sa-bot, tri-cot, brout, goût, égoût, crédit, dé-bit, dé-pit, en-duit, nuit, mi-nuit, ré-cit, pe-tit, de-ssert, é-cart, rem-part, la part, port, fort, de-bout, dé-lit, es-prit, e-ffort, ren-fort, en-droit, un têt, ra-pport, em-prunt, ex-ploit, le quart, re-ssort, un sort, par-tout, tant, tôt, né-go-ciant, la mort, dé-but, re-but, é-dit, vert, a-ssaut, ar-ti-chaut, dé-faut, le-vraut, gi-got, es-car-got, im-pôt, pa-vot, en-tre-pôt, bien-tôt, tan-tôt, tur-bot, bis-cuit, cir-cuit, cou-vert, dé-sert.

Suite du T :

DEUXIÈME PROCÉDÉ.

Achat, apparat, apostolat, apostat, certificat, contrat, dégât, électorat, état, goujat, généralat, cardinalat, odorat, plagiat, potentat, burat, cédrat, citronat, forçat, économat, format, grenat, muscat, légat, nougat, orangeat, épiscopat, primat, pontificat, rosat, marquisat, externat, orgeat, vicariat, pensionnat, consulat, résultat, avocat, chocolat, climat, combat, délicat, exact, ébat, débat, grabat, ingrat, mandat, magistrat, plat, prélat, rat, rabat, rachat, résultat, sénat, soldat.

TROISIÈME PROCÉDÉ. — *Dictée orale.*

X :

PREMIER PROCÉDÉ.

Choix, croix, noix, la poix, de la voix, crucifix, perdrix, le prix, dix, six, deux, paix, portefaix, la chaux, la faux, un faux, le faux, doux, roux, le taux, flux, reflux, mieux, courroux, toux, époux, jaloux, heureux, peureux, paresseux, vieux, préfix, onyx, phénix, larynx, pharynx, sphinx, saindoux.

Z :

Assez, chez, nez, sonnez, rez-de-chaussée, riz, gaz, biez.

TROISIÈME PROCÉDÉ. — *Dictée orale.*

PREMIER PROCÉDÉ.

Ent = e dans :

Ils chan-tent, ils man-gent, e-lles li-sent, e-lles pleu-rent, ils rient, e-lles sau-tent, ils jouent, e-lles s'a-mu-sent, e-lles bro-dent, ils dor-ment, e-lles cau-sent, ils chan-tent par-fai-te-ment, ils man-gent, pro-pre-ment, e-lles li-sent cou-ra-mment, e-lles pleu-rent a-mè-re-ment, ils dor-ment pro-fon-dé-ment, ils par-lent co-rrec-te-ment, ils mar-chent pré-ci-pi-ta-mment.

DEUXIÈME PROCÉDÉ.

Aient = è :

Ils aimaient l'étude, elles prenaient du café, elles chantaient des cantiques, elles jouaient du piano, ils mangeaient leur soupe, elles finissaient leur tâche, ils s'amusaient dans le bois, elles récrivaient leurs devoirs, elles soupaient chez leur tante, elles pleuraient la perte de leur père et de leur frère.

TROISIÈME PROCÉDÉ. — *Dictée orale.*

R :

Er = é :

A-bri-co-tier, ber-ger, ce-ri-sier, frai-sier, grio-ttier, fram-boi-sier, me-ri-sier, mû-rier, a-man-dier, o-li-vier, né-flier, pru-nier, ro-sier, gro-sei-ller, gre-na-dier, gi-ro-flier, cou-rrier, po-mmier, poi-rier, pê-cher, bé-ni-tier, gre-nier, pi-lier, cha-pe-lier, bou-lan-ger, bou-cher, geô-lier, me-nui-sier, pâ-ti-ssier, se-rru-rier, ver-ger, va-nnier, char-pen-tier, ro-tu-rier, hor-lo-ger, hui-ssier.

Et = è :

Beignet, bosquet, cabinet, cornet, corset, couplet, croquet, chapelet, déchet, filet, fumet, effet, gobelet, gourmet, jouet, le guet, lacet, muguet, navet, ourlet, poulet, préfet, robinet, rouet, rousselet, sachet, tiret, triolet, valet, volet, collet, jet, banquet, bouquet, brevet, cabaret, cachet, crochet, duvet, feuillet, mulet, parquet, paquet, projet, protêt, respect, secret, sujet, surjet, reflet, violet, aspect, binet, bluet, bracelet, briquet, alphabet, chenet, civet, coffret, colifichet, cordonnet, forêt, perroquet.

Lettres médiales et finales nulles.

A*c*-qué-rir, a*c*-qui-*tté*, a*oû*t, a-ss*e*oir, au-to-
mne, bap-*t*ê-me, ba*p*-ti-sé, fa*on*, cha*t*-huan*t*,
cor*ps*, da*m*-né, un doi*gt*, en-*coi*-gnu-re, exe*mpt*,
La*on*, pa*on*, *oi*-gnon, san*g*-sue, le tem*ps*, tu-
toie-men*t*, ma-nie-men*t*, le pou*ls*, prom*pt*, prom*p*-
te-men*t*, ra-ssa-sie-men*t*, re-mu*e*-men*t*, en-roue-
men*t*, Dou*bs*, Ma-dri*d*.

L'antec*hr*is*t*, vingtaine, impro*mp*tu, *a*oriste,
*t*aon, Caen, Jean, Jean*ne*, mo*n*sieur, Saône, il
es*t*, il*s* son*t*, ils fure*nt*, leur*s*, s*o*eur, ami*es*, é-
taie*nt*, en*rh*umé*es*, Ba*p*tiste, vo*s*, signe*t*, Re-
*gn*aud, che*p*tel, dom*pté*, se*pt*, scul*p*teur, scul*p*-
ture, pui*ts*.

Articulations finales senties.

Quatre articulations finales se font sentir; ce sont : le *c*,
le *f*, le *l* et le *r*.

C :

As-pi*c*, a-ga-ri*c*, ar*c*, bi-ssa*c*, bi-va*c*, cor-na*c*,
Co-per-ni*c*, ca-ric*k*, fis*c*, mas-ti*c*, pro-nos-ti*c*,
pu-bli*c*, fra*c*, par*c*, la*c*, sa*c*, ti-lla*c*, ti*c*-ta*c*, tri*c*-
tra*c*, ha-ma*c*, a-ve*c*, é-che*c*, gre*c*, se*c*, blo*c*,

choc, es-toc, froc, roc, troc, busc, ca-duc, cal-mouck, duc, musc, stuc, suc, turc, zinc, porc-é-pic.

F :

Actif, adjectif, adoptif, affirmatif, attentif, ca-nif, captif, chétif, collectif, comparatif, com-plétif, conjonctif, convulsif, correctif, consécu-tif, distinctif, expéditif, expressif, fugitif, massif, motif, passif, pensif, naïf, oisif, positif, préser-vatif, primitif, relatif, rétif, suif, vif, juif, crain-tif, substantif, vomitif, bref, brief, chef, fief, grief, nef, bœuf, œuf, naïf, soif, tuf.

TROISIÈME PROCÉDÉ. — *Dictée orale.*

L :

PREMIER PROCÉDÉ.

A-mi-ral, ar-chal, a-ni-mal, bal, bo-cal, cal, car-na-val, co-mmer-cial, co-mmu-nal, cha-cal, cris-tal, ca-po-ral, fa-nal, fi-lial, fi-nal, lo-cal, mal, men-tal, na-val, o-ral, o-ri-gi-nal, quin-tal, ré-gal, val, thé-o-lo-gal, a-ppel, ac-tuel, ca-ra-mel, co-lo-nel, du-el, dé-gel, fiel, pas-tel, ré-el, ri-tuel, spi-ri-tuel, sur-na-tu-rel, tem-po-rel, u-ni-ver-sel, u-suel, vir tuel, ra-ppel, sel, bi-ssex-til, ci-vil, vil, mil, pro-fil, pué-ril, sub-til,

4.

vi-ril, Bré-sil, exil, le Nil, du fil, pis-til, sex-til, ro-ssi-gnol, sol, vol, vi-tri-ol, cal-cul, con-sul, a-ccul, nul.

R :

DEUXIÈME PROCÉDÉ.

Bénir, haïr, servir, nourrir, fuir, tenir, amour, pour, tour, four, azur, bonsoir, bonjour, trésor, corridor, douleur, douceur, erreur, fleur, plaisir, loisir, soupir, agenouilloir, abreuvoir, arrosoir, bougeoir, chauffoir, comptoir, dortoir, égouttoir, encensoir, entonnoir, éteignoir, étouffoir, fermoir, lavoir, miroir, mouchoir, reposoir, réservoir, terroir, trottoir, ouvroir, pur, sur, mûr, air, dur, fer, cher, amer, or, jour, enfer, hiver.

TROISIÈME PROCÉDÉ. — *Dictée orale.*

Sc = ce dans :

Ascension, ascendant, adolescence, condescendance, conscience, condisciple, convalescence, discerné, descendre, fasciné, faisceau, effervescence, irascible, discipline, inflorescence, piscine, prescience, ressuscité, scélératesse, sceptre, sciage, scie, science, scille, scission, Scylla.

Sch = ch dans :

Schaffouse, schah, schall, scheik, Schélestadt,

schelling, schisteux, schérif, schisme, schismatique, schiste.

Sc = sque :

Scolaire, scorbutique, scorsonère, scribe, scrofuleuse, scrupule, scruté, scrutin, scandale, scapulaire, scarieuse, scarlatine, scarifié.

TROISIÈME PROCÉDÉ. — *Dictée orale.*

Suppression des accents.

ed, er, ez, finals, = é : pied, rosier, nez.
e = è dans : elle, pelle, terre, serre.
e = è   »   ces, les, des, tes, ses, mes.
e = è   »   espace, espèce, perle.
e = è   »   exercice, Alexandre.
e = è   »   objet, navet, corset.

Noms terminés en *a.*

Brouhaha, ana, angora, aria, camélia, dahlia, duplicata, errata, extra, falbala, gala, gloria, harmonica, iota, le Jura, du quina, du moka, myria, opéra, ratafia, semen-contra (dites : sé-mène-contra).

Sopha ou sofa, tréma, ultra, catalpa, Malaga, Malaca, prorata, libera, mica, mélica, cadaba, sala, sapa, Scylla, sépia, alpha, oméga.

Mots terminés en *i :*

Abri, ami, apprenti, cabri, canari, colibri,

un anobli, un banni, un cri, un démenti, le
défi, api, amphigouri, bistouri, boni, le bouilli,
du rôti, cadi, céleri, épi, un établi, ennemi,
favori, jury ou juri, lundi, mardi, mercredi,
jeudi, vendredi, samedi, macaroni, midi, un
oubli, merci, le pari, un parti, pilori, pli, repli,
un rempli, roussi, souci, thlaspi, du tripoli. —
Appui, étui, du gui.

TABLEAU

Des principaux mots qui prennent l'accent circonflexe.

Acre, âge, âpre, âne, blâme, dégât, un mât,
ancêtre, un apprêt, arrêt, bêche, bêler, bête
champêtre, conquête, crêpe, crête, dépêche,
empêcher, être, archevêque, évêque, fenêtre,
fête, forêt, frêle, frêne, grêle, hêtre (arbre),
honnête, intérêt, mêler, pêche, pêle-mêle, prê-
cher, prêter, prêtre, protêt, quête, rêve, salpê-
tre, tempête, tête, les vêpres, guêpe, vêtir,
abîme, aîné, dîner, épître, fraîche, gaîté, gîte,
île, maître, surcroît, traîner, traître, gaîne,
apôtre, clôture, côté, côte, dépôt, entrepôt, hôpital, hôte, hôtel, impôt, ôter, rôder, rôti, tôt,
aussitôt, bientôt, plutôt, tantôt, août, brûler,
bûche, chûte, embûche, coûter, jeûner, flûte,
goût, ragoût, goûter, croûte, voûte, piqûre,
pâture, pâturage, de la pâte. (*)

(*) Tous les mots en *éme* qui ne sont pas en *ième*, ainsi que l'*o* qui
précède les finales *le, me, ne*, prennent toujours l'accent circonflexe.

LA MORALE DE L'ENFANCE

OU LA CLEF DU BONHEUR.

Lecture courante.

1. Vous voulez être heureuses, mes chères enfants, c'est là votre désir à toutes : eh bien! écoutez-moi; je vais dans ces quelques lignes vous faire connaître en quoi consiste le vrai bonheur!

Le bonheur, mes jeunes amies, le seul bonheur réel ne se trouve que dans l'accomplissement constant et parfait de ses devoirs * (*). Que ce mot *de devoirs* ne vous effraie pas; car pour vous en faciliter l'accomplissement, et pour vous en rendre la pratique plus douce, je vais vous montrer les vôtres dans ceux que Notre Seigneur Jésus-Christ, notre chef et notre modèle, a bien voulu remplir pour notre amour pendant plus de trente ans.

2. Voyez-le d'abord dans ses jeunes années aider son auguste mère dans le soin du ménage, et laissez-moi mettre ici sous vos yeux les touchantes gravures qui nous représentent les premières occupations de l'Enfant-Dieu (**) : voyez-le dans celle-ci un balai à la main, balayant et

(*) Tous les mots marqués d'une étoile doivent être développés par la maîtresse.

(**) Se procurer en effet cette collection.

appropriant la pauvre maison de la sainte Famille; contemplez-le dans cette autre recueillir et réunir dans sa petite robe les copeaux, épars ça et là dans l'humble atelier de saint Joseph, pour les porter à la très sainte Vierge ; voyez-le les accommoder lui-même, disposer le foyer, et, de cette même bouche qui *souffla sur le premier homme un souffle de vie,* allumer les quelques morceaux de bois vert qui doivent cuire la pauvre soupe de l'auguste famille; voyez dans cette troisième gravure, mes jeunes amies, ce divin Enfant qui tient une cruche pleine d'eau. Il vient de la puiser à la fontaine voisine; voyez-le dans celle-ci préparant et triant des légumes; dans cette autre lavant la vaisselle; et dans cette sixième ramassant le fuseau de sa très sainte mère, et ensuite tenant de ses petites mains, qui soutiennent le ciel et la terre, son écheveau de fil; voyez-le dans celle-là, un livre à la main, debout devant son auguste mère, qui fut sa seule maîtresse; et admirez avec quelle attention ce divin Enfant, dont la science, à l'âge de douze ans, embarrassa et confondit les docteurs eux-mêmes, veut bien recevoir les leçons de la très sainte Vierge, et paraître apprendre d'elle les premières lettres de l'alphabet, lui qui est la science même*!!!

Et, en contemplant ces touchantes images, apprenez, mes bonnes amies, apprenez comment, et avec quelle joie, avec quelle promptitude, vous devez, *en tout, et dans tout*, et jusque dans les moindres choses, obéir à vos bons parents; à ces parents chéris qui vous tiennent sur la terre la place de Dieu! Voyez cet aimable et adorable enfant voler au moindre mot, au plus petit signe de la volonté de son auguste mère, dont il étudie jusqu'aux mouvements, pour prévenir en tout ses moindres désirs!!!

3. Mais ce n'est pas seulement à la très sainte Vierge que l'Enfant-Dieu, notre modèle et notre maître, obéit de la sorte : pénétrons dans l'humble atelier de saint Joseph, qui n'était pas son père, mais seulement son père nourricier et son gardien; approchez, mes chères enfants, et voyez, dans cette huitième gravure, l'Enfant Jésus recevant les conseils de saint Joseph; voyez avec quel air d'attention il les écoute, avec quelle docilité il les met en pratique; se conformant en tout, pour son travail laborieux, aux avis de ce saint patriarche, quoiqu'il n'en eût nul besoin, et qu'il fût au contraire en état de lui donner des conseils : est-ce ainsi, mes chères enfants, que vous obéissez aux personnes qui partagent l'autorité de vos bons parents et qui vous les représentent? Est-ce ainsi que vous obéissez à vos maîtresses* ?

4. C'est dans ces occupations humbles* et pénibles, c'est dans cette pratique constante de

l'obéissance la plus entière, que ce divin Sauveur a voulu passer les trente premières années de sa vie. A son exemple, mes jeunes amies, ne vous lassez jamais d'obéir : obéissez dans tous les temps et dans tous les âges de votre vie* ; obéissez dans les choses difficiles et rebutantes, comme dans celles qui sont douces et aisées ; et, pour rendre votre obéissance méritoire, ne manquez jamais de l'unir, chaque matin, à celle du Seigneur Jésus; en lui demandant la grâce de l'aimer de tout votre cœur, et de mourir plutôt que de l'offenser !

Parvenu à sa trentième année (qui était l'âge fixé par la loi pour parler en public), ce divin Sauveur, après un jeûne et une solitude de quarante jours dans le désert, se montra enfin au monde, et signala les premiers pas de sa carrière évangélique par un miracle qu'il fit à la prière de sa sainte mère* ; et par lequel il changea l'eau en vin. Priez aussi ce bon Sauveur de changer votre cœur*, mes bonnes amies; priez-l'en par l'entremise de sa divine mère; et il le fera très certainement !!!

5. Le premier miracle de Jésus (qu'il fit à Cana en Galilée) fût bientôt suivi d'une multitude d'autres. Ils étaient si grands et en si grand nombre, que l'apôtre saint Jean ne craint pas de nous dire que s'il eût fallu écrire en détail tout ce que le Sauveur a dit et fait pendant sa vie

publique, qui ne fut cependant que de trois ans et trois mois, le monde entier aurait peine à contenir les livres qu'on en eût fait : il rendait la vue aux aveugles, l'ouïe aux sourds, la parole aux muets; il guérissait les lépreux et les malades, chassait les démons, et rendait la vie aux morts. Aussi, quelque part qu'il se montrât, on accourait à lui de tous côtés, et on ne lui laissait pas même le temps de prendre ses repas. Les peuples le suivaient jusque dans les déserts et oubliaient, pour le voir et pour l'entendre, le soin du corps, les besoins les plus pressants de la nature ; et jamais on ne vit le Sauveur rebuté un seul instant de leurs importunités !

Mais quoique tous les cœurs affligés et contristés fussent assurés de trouver dans lui un consolateur efficace, sa tendre prédilection néanmoins était pour les faibles et les pauvres !

6. Elle était aussi pour vous, mes jeunes amies, cette prédilection : oui elle était aussi pour vous, car le Seigneur aimait si fort les enfants, qu'il gronda un jour ses apôtres parce qu'ils voulaient les écarter de sa personne sacrée; (craignant que leur affluence et leurs caresses n'importunassent le bon maître).

7. Eh bien! ce Jésus si bon et si miséricordieux! ce Jésus qu'on ne pouvait voir sans l'aimer et qu'on venait voir de si loin ne nous a pas abandonnées, mes chères enfants; car il est en-

core au milieu de nous : il est dans toutes nos cités, nos villes, et jusque dans nos moindres villages! Et il y est aussi bon, aussi grand, aussi puissant et aussi désireux de nous faire du bien à tous, de nous consoler tous. Allez donc à ses pieds, mes bonnes amies, allez-y tous les jours et même plusieurs fois le jour.

On n'approche que très difficilement de là personne des rois, mais il n'en est pas ainsi de notre Dieu. Nos églises sont ouvertes à tous : aux petits comme aux grands, aux pauvres comme aux riches; c'est là que ce bon père nous attend ; c'est de là que ce charitable médecin vous appelle, pour renouveler en faveur de vos âmes les miracles de bonté qu'il opérait autrefois en faveur des corps.

Répondez donc, mes chères amies, à ses tendres invitations : venez au pied du trône de la miséricorde, mais n'y venez pas les mains vides; faites-lui chaque jour, en vous présentant devant lui, l'offrande de votre cœur, le priant de le rendre lui-même tel qu'il le désire. Offrez-lui aussi vos répugnances et vos dégoûts, afin qu'il vous aide à les surmonter; votre travail, afin qu'il le bénisse ; les victoires remportées sur vos défauts, afin qu'en les récompensant il couronne dans vous ses propres dons; enfin quand vous vous présentez aux pieds de Notre Seigneur Jésus-Christ, mes jeunes amies, aux pieds de ce bon

Sauveur qui vous aime tant ! priez-le toujours pour vos parents chéris et pour vos maîtresses qui ne veulent que votre bien ; et accordez aussi un léger souvenir à *celle* qui vous trace ces lignes, et qui vous les lègue comme un faible gage de sa tendre affection pour vous et du vif désir qu'elle a de vous voir toutes heureuses, et dans ce monde et dans l'autre ! de vous voir toutes un jour dans le Ciel !!!

C'est ce vif désir de votre bonheur, mes jeunes amies, qui me porte à vous tracer encore les avis suivants :

1° Aimez Dieu de tout votre cœur ! cherchant dans tout à lui plaire ; et aimez en lui et pour lui tous ceux qui vous le représentent ici bas. Aimez surtout vos bons parents : aimez-les, honorez-les, et ne les contristez jamais ! car l'enfant qui attriste son père ou sa mère déplaît à Dieu et l'afflige dans leur personne.*

2° Recevez avec respect, amour et reconnaissance leurs moindres avis, et ne les oubliez pas ! qu'ils soient, dans tous les temps de votre vie, la règle de votre conduite.

3° Obéissez-leur en tout et toujours ; et que votre obéissance soit prompte, entière et gracieuse. Qu'ils lisent sur votre visage et dans vos regards que vous êtes heureuses de leur obéir.

4° Ne les affligez pas en vous querellant avec vos frères et vos sœurs : sachez plier, sachez surmonter vos répugnances, et sacrifier même au bien de la paix vos prétentions les plus justes et vos goûts les plus innocents.*

5° Fuyez le péché avec plus de soin qu'on ne fuit le serpent (c'est le conseil que nous donne le Saint-Esprit); et, pour cela, fuyez l'oisiveté et la compagnie des élèves peu sages, peu obéissantes : l'oisiveté est si dangereuse, qu'il vaut infiniment mieux s'amuser *à des riens* que d'être sans rien faire.

6° Surmontez avec courage votre dégoût pour l'étude ; et, quand le poids du devoir ou le joug de l'obéissance se fait sentir, vite! pensez à Jésus Enfant ; et que le souvenir de ce qu'il a fait et souffert pour vous, vous fasse triompher de toutes vos répugnances!

7° Imitez-le en tout, ce bon Jésus, mais imitez surtout sa douceur, sa modestie, sa grâce toute divine, et son affabilité pour tout le monde : que la bonté soit toujours dans votre cœur et le sourire sur vos lèvres; et qu'il ne sorte jamais de votre bouche que des paroles tout *embaumées* du parfum de la vertu* : ainsi donc point de plaintes! point de murmures!!!

8° Ne remettez jamais au lendemain le devoir que vous pouvez remplir le jour même.

9° Applaudissez sincèrement aux succès de vos compagnes, et conservez toujours la modestie dans les vôtres.

10° Ne soyez ni fourbes, ni dissimulées, ni menteuses, ni vaines*. Loin de fuir et de mépriser celle de vos compagnes qui, sous le rapport de la fortune, sont moins favorisées que vous, recherchez-les au contraire, et ayez pour elles encore plus d'égards et d'attentions : soyez bonnes et complaisantes pour toutes et polies envers toutes.

11° Sachez supporter les défauts des autres, mais soyez très sévères pour les vôtres, et travaillez surtout à réformer vos défauts de caractère, si vous ne voulez qu'un jour ils vous coûtent bien des larmes! La leçon la plus importante, la science la plus précieuse pour vous, mes bonnes amies, c'est d'apprendre de bonne heure à vous vaincre *. Un caractère doux et égal est toujours heureux, et se fait aimer partout et de tous.

12° Priez vos domestiques au lieu de leur commander, et recevez avec reconnaissance leurs moindres services; enfin aimez les pauvres, et privez-vous pour les soulager, si non de tout l'argent, du moins de la plus grande partie de l'argent que la bonté de vos parents met à votre disposition; et, pour grossir votre petit trésor, efforcez-vous de mériter par votre application et votre conduite et les suffrages de vos maîtresses et les récompenses décernées au travail; afin que les pauvres soient par vous plus largement secourus. Et *celui* qui pour votre amour s'est fait

5

pauvre, mes bonnes amies, et qui chérit les pauvres jusqu'à nous assurer que l'aumône que l'on fait au moindre d'entre eux c'est à lui même qu'on la fait, vous rendra au centuple, et dans ce monde et dans l'autre, tout le bien que vous lui aurez fait en leur personne!

HUITIÈME CLASSE.

Mots dont la prononciation diffère de l'orthographe.

Orthographe.	Prononciation.
Second, seconde	= segond, etc.
Reine-Claude	= reine-glaude.
Gangrène, bourg	= kangrène, bourk.
Stagnante, regnicole	= staguenante, reguenicole
Inexpugnable,igné,prognée	= inexpuguenable, etc.
Mathias	= mathia.
Dwina, Newton	= douina, neuton.
Adam, enivrer	= adan, an-nivrer.
Enivrante	= an-nivrante.
Ennoblir	= an-noblir.
Cueillir, accueil	= keuillir, akeuille.
Goths, Ostrogoths	= gô, ostrogô.
Aix-la-Chapelle	= aikce, etc.
Aix en Provence	= aisse, etc.
Mât (le), t. de m.	= ma.

Cercueil, recueil	=	cerkeuille, rekeuillé.
OEil, œillet, œillette	=	euille, euillé, euillète.
Eau de seltz	=	eau de celse.
Faisant, faisons, faisait	=	fesan, feson, fesé.
Caout-chouc	=	caoute-chou.
Et cætera (etc.)	=	ète cétéra (et le reste).
Intussusception	=	intusse-çussecéption.
Mentor	=	mintor.
Transsubstantiation	=	transessubsetanciacion.
Vade-mecum	=	vadé-mécome.
Européen	=	européin.
Solennité, solennel	=	solanité, solanel.
Vendéen, benjoin	=	vendéin, binjoin.
Duumvir	=	duomevir.
Duumvirat	=	duomevira.
Lynx, larynx	=	linkce, larynkce.
Emmener, emmancher	=	am-mené, am-manché
Emollient, ingrédient	=	émolian, ingrédian.
Client, patient	=	clian, pacian.
Cook, bourgmestre	=	couk, bourguemestre.
Regnaud, Regnard	=	renaud, etc.
S'enorgueillir	=	s'an-norgueuillir.
Hennir, hennissement	=	hanir, hanissement.
Necker, Glocester, etc.	=	nèkre, glocestre. (*)

(*) Dire qu'en général dans les mots anglais et allemands la finale *er* se prononce comme si le *r* était avant l'*e*.

Duguesclin	= duguèclin.
Orgueil	= orgueuille.
Signet	= siné.
Longwi, Newton	= lon-oui, neuton.
Law, Washington	= lasse, vazington.
Hérault	= éro.
Séez, bischop	= sé, bichop.
Lacs (*), legs	= la, lé.
Aspect, respect, circonspect	= aspek, respek, etc.
Automne, damner	= autone, dâner.
Béarn, Cosne	= béar, cône.
Carpentras, Doubs	= carpentrace, dou.
Bazaz, Blaye	= bazace, bla-ie.
Avesne, Figeac	= avène, fijac.
Indemnité, indemniser	= indamenité, indameniser.
Alvarez, Cortez	= alvarèce, cortèce.
Metz, Retz, Rodez	= mèce, rèce, rodèce.
Ste-Menehould	= sainte-menou.
Thiers	= thière.
Milhau	= milô.
Séeland	= sélan.
Schélestadt	= chélestad.
Weissembourg	= viçambour.
Guiane	= ghiane.
Guinée	= ghiné.

(*) Piège, filet.

Schaffouse   = chafouse.
Toast   = toste.

Articulations finales senties.

Avec, Agnus, abdomen, alep, amen, acarus, Jacob, gluten, Niémen, Job, Joab, radoub, David, Cid, sud, Eden, talmud, doeg, distinct, Agag, Anaïs, Athos, aloës, amaryllis, Abraham, argus, atlas, acabit, aconit, accessit, Apis, angelus, atys, à l'amadis, abject, blocus, bibus, bis, brut, Bacchus, cerumen, cacis, cactus, crésus, Gap, Jérusalem, hymen, Reims, net, cap, carnus, compact, chloris, chorus, club, convolvulus, contact, Cham, colbalt, compost, Christ, calus, canthus, crocus, correct, dervis, direct, dot, déficit, davis, dictamen, en sus, érudit, est, exeat, examen (ou examin), fiat, le fût, gramen, gratis, fat, garus, humus, Hypocras, in partibus, idem, item, intact, intérim, ilmen, ibis, Iris, Isis, indult, infect, jadis, joug, Japhet, jalap, lis, laps, lichen, lapis, maïs, mars, madapolam, madris, Madras, médius, nostoc, obus, orémus, net, luth, zénith, ours, ouest, opiat, Pallas, prétérit, prospectus, rébus, rit, requiem, rhinocéros, strict, salep, sérius, semen-contra, stoff, suspect, le sept, le huit, stras, tact, Taurus,

Thémis, le Tarn, tournevis, tétanos, test, thaïs, Uranus, Vival, la vis, vasistas ou vagistas, zest, zist, hymen, Siam, porc-épic, agaric, syndic, estoc, aqueduc, trictrac, cornac, typhus, Alfred, Aod, Eliud, Ephod, Conrad.

Un = on dans le sund, du punch.

Um = ome dans les mots :

Triumvir, triumvirat, triumviral, centumvir, duumvir, abum, album, castoreum, décorum, diamorum, caseum, epsum, arum, factum, forum, begum, géranium, laudanum, licium, opium, postscriptum, pallium, palladium, rhum, marum, maximum, minium, panicum, Te Deum, ultimatum, duodenum, iridium, retentum (retintome), labarum.

TABLEAU

DES NOMS SYNONYMES.

Aboi *m*, cri du chien.

Abois *m pl*, extrémité.

Ache *f*, herbe.

Hache *f*, outil tranchant.

Acquis *s m*, adj. et partic.

Acquit *m*, quittance.

Agathe *f*, pierre précieuse.

Agathe *f*, nom propre.

Aire *f*, nid, place où l'on bat le blé.

Haire *f*, chemise de crin, cilice.

Ère *f*, époque.

Hère *m*, homme sans mérite ni fortune.

Haine *f*, aversion.

Aisne *f*, rivière et départem.

Alène *f*, poinçon de fer.

Haleine *f*, respiration.

Amande *f*, fruit de l'amand.

Amende *f*, peine pécunière.

Anche *f*, tuyau d'instrum.

Hanche *f*, partie du corps.

An *m*, durée de douze mois.

En, préposition.

Ancre *f*, de vaisseau.

Encre *f*, pour écrire.

Ami *m*, pers. qu'on aime.

Amict *m*, linge bénit, etc.

Antre *m*, caverne.

Entre, préposition.

Appas *m*, charme, attrait.

Appât *m*, piège, pâture.

Apprêt *m*, préparatif.

Après, préposition.

Are *f*, mesure agraire.

Art *m*, métier.

Arrhes *f pl*, gage, assurance.

Arète *f*, os de poisson.

Arrête v. impérat. d'arrêter.

Avant, préposition.

Avent *m*, temps qui précède Noël.

Auteur *m*, qui écrit, qui compose.

Hauteur *f*, élévation (la).

Autel *m*, table où l'on dit la messe.

Hôtel *m*, auberge ou maison d'un grand seigneur.

Auspice *m*, présage, protect.

Hospice *m*, maison de char.

Bât *m*, selle de bois.

Bas *m*, vêtement, adj.

Bat (il), v. battre.

Balai *m*, un balai (pour balayer).

Banc *m*, pour s'asseoir.

Ban *m*, proclamation.

Ballet *m*, sorte de danse.

Bai, adj., rouge-brun.

Baie *f*, petit golfe.

Bey *m*, gouvern. en Turquie.

Bête *f*, animal.

Bette *f*, plante potagère.

* Bière *f*, cercueil.

* Bière *f*, boisson.

Bon, adj., et promesse par écrit de payer.

Bond *m*, saut.

Boue *f*, fange.

Bout *m*, l'extrémité d'un corps.

Brigand *m*, voleur.

Brigant, part. prés. du v. briguer.

Brocard *m*, raillerie.

Brocard *m*, étoffe brochée.

But *m*, point où l'on vise.

Butte *f*, petite élévation de terre.

Cadi *m*, juge civil chez les Turcs.

Cadis *m*, serge grossière.

Chaos *m*, confusion, abîme.

Cahot *m*, saut d'une voiture.

Caen, ville de France (prononcez can).

Camp *m*, lieu où campe l'armée.

Kan *m*, chez les Turcs, commandant, marché.

Quand, adv. et conjonction.

Quant, préposition.

Kent, prov. d'Angleterre.

Candy, royaume et ville du Ceylan.

Candie, île de la Méditerr.

Candi, sucre dépuré et transparent.

Cane *f*, oiseau aquatique.

Canne *f*, roseau, bâton.

Cannes, ville de France.

Canot *m*, petit bateau.

Canaux *m pl*, conduit par où l'eau passe.

Car, conjonction.

Quart, quatrième partie d'un tout.

Céans, adv., ici, dedans.

Séant, adj., décent, convenable.

NOTA. Nous indiquerons par une étoile les homonymes oculaires. On appelle ainsi les noms homonymes dont l'orthographe et la prononciation sont les mêmes. Les autres sont dits : *noms auriculaires*.

Celle, pronom démonstratif.

Selle *f*, siège sur le dos d'un cheval.

Sel *m*, assaisonnement de cuisine ou remède.

Cène *f*, le dernier souper que N. S. fit avec ses Apôtres.

Scène *f*, partie du théâtre.

Saine, adjectif.

Seine *f*, rivière et départ.

Cens *m*, dénombrement.

Cent, adj. de nombre.

Sang *m*, liqueur animale.

Sans, préposition.

Sens *m*, faculté de l'âme, opinion.

Champ *m*, étendue de terre.

Chant *m*, action de chanter.

Chaud, adj.

Chaux *f*, pierre calcinée par le feu.

Chaîne *f*, anneaux entrelacés.

Chêne *m*, arbre des forêts.

Chat *m*, animal domestique.

Chas *m*, l'ouverture d'une aiguille.

Schah *m*, titre du roi de Perse.

Cerf *m*, animal (pro. *cer*).

Serf *m*, esclave.

Chair *f*, substance molle.

Chaire *f*, siège élevé.

Cher, adj.

Chère *f*, repas, régal, accueil.

Chœur *m*, sanctuaire, morceau de musique.

Cœur *m*, partie noble du corps.

Chut ! interjection.

Chute *f*, substantif.

Chrême *m* (le -St-), huile sacrée.

Crème *f*, partie grasse du lait.

Cinq, adj. de nombre.

Ceint, participe passé du verbe ceindre.

Sain, adj., qui a de la santé.

Saint, adj., qui a de la sainteté.

Sein *m*, milieu, centre.

Seing *m*, signature.

Claie *f*, tissu d'osier ou de paille.

Clef ou clé *f*, une clef pour ouvrir et fermer.

Clair, adj. *m*.

Clerc *m*, subst.

Clause *f*, disposition d'un traité.

Close *f*, de l'adj. clos.

Coin *m*, angle, lieu retiré.

Coing *m*, fruit.

Compte *m*, calcul.

5.

Comte *m*, titre, dignité.

Conte *m*, fable.

Contant, partic. présent de conter.

Comptant, adj. et participe du v. compter, supputer.

Content, adj., qui est satis- fait.

Coq *m*, poulet.

Coque *f*, écale de l'œuf, d'une noix, etc.

Cor *m*, instr. de musique, durillon.

Corps (le) — (*), un corps.

Côte *f*, os, rivage, élévation.

Cotte *f*, ancienne casaque.

Quote *f*, uni à part : quote- part (ce que chacun doit payer ou recevoir de la répartition d'une somme).

Coup *m*, choc, impression.

Cou (ou col), partie du corps.

Coud (il), troisième per- sonne du v. coudre.

Cour *f*, espace découvert, suite d'un roi.

Cours *m*, mouvement, pro- grès.

Court, adj., qui a peu de longueur.

Crin *m*, poil long et rude.

Craint (il), v. craindre.

Crois, impératif de croire.

Croix *f*, la croix, peine, etc.

Cuire, verbe.

Cuir *m*, peau de l'animal.

Cygne *m*, oiseau blanc aqua- tique.

Signe *m*, marque, indice.

Cycle *m*, période de temps.

Sicle, monnaie de vingt à trente sous.

Dans, préposition.

Dent *f*, subst., les dents.

Date *f*, époque.

Datte *f*, fruit du palmier.

Dégoutter, v., couler goutte à goutte.

Dégoûter, v., ôter l'envie de manger.

Danse *f*, la danse.

Dense, adj, épais, compact.

Décent, adjectif.

Descend (il), troisième pers. du v. descendre.

Dé *m*, un dé à coudre.

Dey *m*, chef du gouverne- ment de Tunis.

Dais *m*, petit pavillon.

Dès, artic. comp. et prép.

Nota. Ce trait — tient lieu de la répétition du premier mot.

Dessein *m*, projet, intention.

Dessin *m*, art de dessiner.

Différant, part. prés. de différer.

Différent, adj. qui n'est pas semblable.

Différend *m*, débat, contestation.

Doigt *m*, partie de la main ou du pied.

Doit (il), v.

Don *m*, présent.

Dom, titre de noblesse en Espagne et en Portugal.

Dont, pron. relatif.

Donc, conjonction.

Echo *m*, son, bruit renvoyé.

Ecot *m*, ce que chacun paie dans un repas.

Etaim *m*, partie la plus fine de la laine cardée.

Etain *m*, métal.

Eteint, participe d'éteindre et verbe il éteint.

Etant, partic. du v. être.

Etang *m*, amas d'eau.

Etai *m*, gros câble.

Etaie *f*, support.

Être, v. être à l'infinitif.

Hêtre *m*, arbre de nos forêts.

Exaucer, v. accorder.

Exhausser, v. élever.

Faim *f*, besoin de manger.

Fin *f*, la fin d'une chose.

Feint v. (il) et partic. passé.

Fait, partic. de faire et action, c'est un fait, etc.

Faix *m*, fardeau.

Faîte *m*, sommet.

Fête *f*, solennité.

Face *f*, figure, visage.

Fasse (qu'il), v. faire.

Fard *m*, couleur rouge.

Phare *m*, grand fanal pour éclairer les vaisseaux.

Fausse *f*, de l'adj. faux.

Fosse *f*, grand creux dans la terre.

Faut (il), 3e per. du v. falloir.

Faux, adj., qui n'est pas vrai.

Faulx *f*, instrument pour faucher.

Fer *m*, métal.

Faire, v., faire à l'infinitif.

Ferre (il), v. ferrer.

Flan *m*, mets au lait et au sucre.

Flanc *m*, côté.

Foi *f*, croyance.

Foie *m*, gros viscère.

Fois *f*, une fois, deux fois.

Foix, ville de France.

Fond *m*, partie la plus reculée ou la plus basse.

Fonds *m*, champ, capital.

Fonts *m pl*, — baptismaux.

* Fort, adjectif.

* Fort *m*, forteresse.

For *m*, tribunal, juridiction (le for de la conscience).

Forêt *f*, bois.

Foret *m*, instr. pour percer.

Forez, pays dans le Lyonnais.

Frais *m*, froid, agréable, — au pl. dépenses, — adj.

Fret *m*, louage d'un vaisseau.

Geai *m*, oiseau.

Jet *m*, jeune pousse.

Gai, adj., joyeux.

Gué *m*, endroit où l'on peut passer l'eau sans nager.

Guet *m*, faire le —, épier.

Gand, ville de Flandre.

Gants *m*, des gants.

Grâce *f*, faveur.

Grasse, adj. *f*, et nom-prop. de ville.

Gray, v. de France.

Grès *m*, pierre de grains de sable.

Grèce *f*, pays, contrée.

Graisse (la), substance animale.

Guère, adv., peu.

Guerre *f*, querelle qui se poursuit par les armes.

Gril *m*, ustensile de cuisine.

Grille *f*, sorte de claire-voie.

Goûte *s f*, et v. il goûte.

Goutte *f*, une goutte d'eau.

Jean, nom prop.

Gens, subs. com.

Jeûne *m*, abstinence.

Jeune, adj.

Joue *f*, partie du visage.

Joug *m*, pièce de bois pour attacher les bœufs, servitude.

Hâle *m*, air chaud et sec qui flétrit et brunit, — ardeur du soleil.

Halle *f*, lieu où se tient le marché.

Héraut *m*, messager d'un prince.

Héros *m*, guerrier célèbre.

Hérault, rivière et départ.

Hier, adverbe.

Hières *f pl*, îles de la Méditerranée.

Hôte *m*, celui qui donne ou qui reçoit l'hospitalité.

Haute, adjectif.

Hotte *f*, grand panier long.

La, artic. et pron. relatif.

Lacs, *m pl*, piège, filet.

Las, adj. *m*, fatigué.

Lait *m*, liqueur blanche.

Laid, adjectif.

Laï, adj., frère servant.

Laie, femelle du sanglier.

Legs *m*, don par testam.

Les, art. pl. des deux genres.

Lacer, v. serrer avec un lacet.

Lasser, v. lasser, — fatiguer, importuner.

Lis *m*, fleur, plante.

Lisse, adj. uni, poli.

Lice *f*, lieu pour les courses.

Lie *f*, dépôt.

Lit *m*, lit à coucher, etc.

Lieu *m*, un endroit quelconque.

Lieue *f*, espace de chemin.

Lin *m*, plante.

L'Ain (art.) rivière et dépar.

Lion *m*, animal.

Lyon, ville.

Lire, verbe.

Lyre *f*, instrum. de musiq.

Lord *m*, titre en Angleterre.

Lors, adverbe.

Lut, enduit.

Luth *m*, instr. de musique.

Lutte *f*, combat corps à corps.

Lissé, participe passé du v. lisser.

Lycée *m*, collège.

Ma, adj. possessif.

Mât *m*, longue et grosse pièce de bois sur les vaisseaux, qui porte la voile.

Mes, adj. possessif.

Mets *m*, ce qu'on apprête pour manger.

Mais, conjonction.

Mai, mois : le mois de mai.

Met (il), v. mettre.

Maître *m*, celui qui commande.

Mètre *m*, mesure.

Mettre, v. à l'infinitif.

Mâle *m*., qui est du sexe mas.

Malle *f*, espèce de coffre.

Main *f*, partie du corps.

Maint, adj. collect., — plusieurs.

Mein, rivière d'Allemagne.

Mânes (les), âmes des morts chez les anciens.

Manne *f*, pain des Hébr. dans le désert, — suc mielleux qui découle de certains arbres.

Maintien *m*, subst.

Maintient (il), v. maintenir.

Mante *f*, sorte de voile et d'habit.

Mantes, ville de France.

Menthe *f*, plante.

Maire *m*, magistrat.

Mer *f*, grande étendue d'eau.

Mère *f*, qui a des enfants.

Moi, pr. pers.

Mois, subst., un mois.

Mon, adj. poss.

Mont, *m*, élévation sur le globe.

Mort *f*, cessation de la vie.

Mors *m*, partie de la bride.

Mord (il), v. mordre, troisième personne.

Maux *m pl*, de mal.

Meaux, ville de France.

Mot *m*, parole, un mot.

Moût *m*, vin doux.

Mou, viscère et adj., un — de veau.

Moue (la) *f*, grimace, bouderie.

Moud (il), v. moudre.

Mur, subst. masc.

Mûr, adj.

Mure *f*, fruit.

Nid, s. masc.

Ni, conj.

Nie (il), v. nier.

Né, part. passé de naître.

Nez *m*, le nez, partie de la figure.

Nom *m*, le nom d'une personne, d'une chose.

Non, particule négative.

Nue *f*, nuée.

Nu, adj.

Nuit (la) *f*, ténèbres.

Nuits, ville de Bourgogne.

Or, métal et conj.

Hors, prépos.

Oubli *m*, manque de souvenir.

Oublie *f*, sorte de pâtisserie.

Otant, partic. passé du verbe ôter.

Autant, adv. d'égalité.

Autans *m pl*, vent du midi.

Ou, conjonction.

Où, adv. de lieu et pron. rel.

Août *m*, l'un des douze mois de l'année.

Houx *m*, arbrisseau.

Houe *f*, instrum. de labourage.

Os *m*, partie dure du corps, des os.

Eau *f*, liquide transparent, de l'eau.

Au, plur. aux, art. comp.

Aulx, plur. du mot ail.

Oh ! interj.

Oui, partic. affirmative.

Ouïe *f*, l'un des cinq sens.

Ouïes *f pl*, organes de la respiration chez les poissons.

On, pron. indéfini.

Ont (ils), v. avoir.

Pain *m*, le 1ᵉʳ des aliments.

Pin *m*, arbre.

Peint, adj. et verbe (il) —.

Pair, adj., égal et dignité.

Paire *f*, deux choses de même espèce qui vont nécessairement ensemble : une — de bas, de gants, etc.

Père *m*, qui a des enfants.

Perd (il), v. perdre.

Palais *m*, superbe maison, le — du roi.

Palet *m*, pierre plate.

Par, préposition.

Part *f* (la), partie d'un tout.

Parc *m*, grand enclos.

Parque *f* (la), déesse de la mort.

Pari *m*, gageure.

Paris, capitale de la France.

Pâte *f*, pour faire du pain.

Patte *f*, d'animal.

Parti *m*, opinion, etc.

Partie *f*, (la) — d'un tout.

Partit (il), v. partir.

Peine *f*, travail, inquiétude.

Pène *m*, partie d'une serrure.

Pan *m*, le dieu —, partie d'un mur.

Paon (pron. *pan*), oiseau.

Panser une plaie.

Penser, réfléchir.

Pieu *m* (un), bois pointu au bout.

Pieux, adj., qui a de la piété.

Pause *f*, repos.

Pose (il), v. poser.

Peau *f*, épiderme.

Pau, ville de France.

Pô, fleuve d'Italie.

Pot *m*, vase.

Perse (la), pays, royaume.

Perce (il), verbe.

Pie *f*, oiseau.

Pis, adverbe.

Pinçon *m*, marque sur la peau.

Pinson *m*, petit oiseau.

Pinte *f*, mesure, sorte de bouteille.

Peinte, partic. passé de peindre.

Plaie *f*, blessure.

Plaid *m*, plaidoyer.

Plait (il), verbe plaire.

Plain, adj., uni, plat, sans inégalités : plain-chant.

Plein, ad., opposé de vide, le plein de la lune, d'une plume, etc.

Plaine *f*, surface unie.

Pleine, adj., qui n'est pas vide.

Plan *m*, dessin, projet, etc.

Plant *m*, jeune plante.

Poing *m*, la main fermée.

Point *m*, piqûre, adv. etc.

Poids *m*, pesanteur.

Pois *m*, légume.

Poix *f*, résine.

Porc *m*, pourceau.

Port *m* (un), port de mer.

Paume *f*, le dedans de la main.

Pomme *f*, fruit.

Pouce *m*, doigt, le —.

Pousse (il), v. pousser.

Pou *m*, insecte, vermine.

Pouls *m*, battement des artères.

Prémices *f*, les prem. fruits de la terre.

Prémisses *f*, t. de logique, etc.

Près de, prép., sur le point.

Prêt à, adv., disposé à.

Prix *m*, valeur, récompense.

Pris, partic. du v. prendre.

Puy, ville de France.

Puis, adv.

Puits *m*, subst. un bon —.

Quartier *m*, partie d'une ville.

Cartier *m*, fabr. de cartes.

Quoi, pron. relatif.

Coi, adj., honteux.

Rets *m pl*, filets.

Raie *f*, poisson, trait de pl.

Rez, pré. : rez-de-chaussée.

Rais *m*, rayon d'une roue.

Rang *m*, ordre, dignité.

Rend (il), verbe.

Reins (les), partie du corps.

Rhin, fleuve.

Reine *f*, femme du roi et nom propre.

Rennes *f pl*, courroie tenant à la bride.

Renne *m*, animal domestique dans la Laponie.

Rennes, ville de France.

Raisonner, discourir.

Résonner, retentir.

Rit (il), v. rire.

Ris (les) —, action de rire, ris de veau.

Riz *m*, du —, graine farineuse.

Rond, adj. et subst.

Rompt (il), v. rompre.

Roux *m*, sauce ou couleur.

Roue *f*, la roue d'un char.

Sale, adj.

Salle, subst. *f*, pièce d'un appartement.

Scille *f*, plante.

Cils *m pl*, poils des paupières.

Satire *f*, écrit piquant.

Satyre *m*, demi-dieu.

Seau *m*, vase à contenir de l'eau.

Sceau *m*, grand cachet.

Saut *m*, action de sauter.

Sot, adj., qui manque d'esprit.

* Sas *m*, tissu de crin pour passer la farine.

* Sas *m*, bassin d'une chute d'eau, d'une écluse.

Sa, adj. poss.

Çà, adverbe.

Sellerie *f*, art du fabric. de selle.

Céleri *m*, plante potagère.

Seller, mettre la selle.

Sceller, appliquer le sceau.

Céler, cacher, taire.

Sellier *m*, fabric. de selles.

Cellier *m*, lieu où l'on sert le vin.

Serin *m*, oiseau.

Serein *m*, rosée malsaine, et adj.

Session *f*, temps des séances.

Cession *f*, action de céder.

Si, conjonction et note de musique.

Six, adj. de nombre.

Scie *f*, lame dentelée.

Sire *m*, titre du roi de Fr.

Cire *f*, produit des abeilles.

Soi, pron. pers.

Soie *f*, la production des vers-à-soie.

Soit (qu'il), v. être.

Sol *m*, terrain, note de mus.

Saule *m*, arbre.

Sole *f*, poisson de mer.

Soc *m*, instr. pour le labourage, un soc de charrue.

Soque *f*, chaussure.

Sou, s. masc., monnaie.

Sous, préposition.

Souffre (je), verbe.

Soufre *m*, subst., jaune, un des 52 éléments.

Soutien *m*, appui.

Soutient (il), v. soutenir.

Statue *f*, figure en relief.

Statut *m*, loi, ordonnance.

Suie *f*, matière noire.

Suis (je), verbe être.

Suit (il), verbe suivre.

Sur, préposition.

Sûr, adjectif.

Ta, adj. possessif.

Tas *m*, amas, monceau.

Taie *f*, toile d'oreiller.

Tet *m*, morceau d'un vase brisé.

Tais (je), verbe taire.

T'est, pr. et verbe être.

T'ai, pr. et verbe avoir.

Tes, adjectif possessif.

T'en, pour te en.

Tan *m,* écorce de chêne moulue.

Tend (il), verbe tendre.

Taon (prononc. *tan*), mouche

Tant, adv. de quantité.

Temps (le) —, durée, espace.

Tain *m,* feuille d'étain et de vif-argent qu'on applique derrière les glaces.

Teint *m,* couleur.

Thym *m,* plante.

Ton, adj. poss. et subst.

Tond (il), verbe tondre.

Thon *m,* poisson de mer.

T'ont, pron. et v. avoir.

Tente *f,* sorte de pavillon.

Tante *f,* sœur du père ou de la mère.

Tard, adverbe.

Tare (la) *f,* diminution sur le poids.

Taux *m,* prix fixé, ou intérêt.

Tôt, adverbe.

Taire, verbe.

Terre (la), subs. *f.*

Terme *m,* fin, mot, expression.

Thermes *m pl,* bains des anciens.

Tirant, participe de tirer.

Tyran *m,* prince cruel et injuste.

Toi, pronom personnel.

Toit *m,* couverture d'un bâtiment.

Tors, adj., qui est tordu.

Tort *m,* dommage, préjudice.

Tord (il), verbe tordre.

Toue *f,* grand bateau-plat.

Tout, adj. collectif, entier.

Toux (la), rhume.

Très, adverbe.

Trais (je), verbe traire.

Travail, subst. m.

Travaille (je), verbe.

Tribu, division du peuple.

Tribut, impôt, devoirs et dette.

Trois, adj. de nombre.

Troyes, ville de France.

Troye ou Troie, l'ancienne ville de Troie en Asie.

Trop, adverbe.

Trot *m,* le — d'un cheval.

Vingt, adj. de nombre.

Vain, adj., inutile ou qui a de la vanité.

Vin *m,* liqueur (du vin).

Vainc (il), verbe vaincre.

Vint (il), verbe venir.

Vaine, adjectif.

Veine, s. *f*, vaisseau, etc.

Ver *m*, insecte.

Verre *m*, vase pour boire,— du verre.

Vert, adjectif, couleur.

Vers *m*, mots rimés et mesurés, prépos.

Vacant, adj., qui n'est pas occupé.

Vaquant, partic. du v. vaquer.

Vent *m* (du vent), air.

Van *m*, instr. pour vanner.

Vend (il), verbe vendre.

Veau *m*, de la viande de—.

Vos, adjectif possessif.

Vaut (il), verbe valoir.

Vaux, village : aller par monts et par vaux.

Vice *m*, défaut considérable.

Vis (pron. *vice*), pièce ronde cannelée en spirale.

Vœu *m*, promesse faite à Dieu.

Veux (je), verbe vouloir.

Ville *f*, cité.

Vil, adj., méprisable.

Voie *f*, chemin.

Voix *f*, parole : la voix.

Vois (je), verbe voir.

Zest, interj. et sub. m.

Zeste *f*, cloison qui sépare en quatre l'intérieur de la noix.

DES SIGNES DE PONCTUATION

ET

DE QUELQUES AUTRES SIGNES ORTHOGRAPHIQUES.

Les signes de ponctuation sont :

La virgule (,) qui marque la plus petite de toutes les pauses.

Le point-virgule (;) qui marque une pause un peu plus grande que la virgule.

Les deux points (:) qui marquent une pause plus grande encore.

Le point seul (.) qui marque un repos parfait (c'est-à-dire que ce dernier point amène une chute de voix).

Le point interrogatif (?) qui marque l'interrogation.

Le point exclamatif (!) qui marque l'admiration.

Et les points suspensifs (....) qui marquent la suspension (faire comprendre chacun de ces points).

Tiret et trait-d'union (—) (-).

Parenthèse ( ) { }.

Guillemets » » ».

Crochets [ ].

Astérisque (*).

Renvois (1) (a).

Paragraphe (§§).

Trait de séparation (—).

Signes de ponctuation.

, ; : . ? ! . . . .

Signes orthographiques. (*)

(-) ( ) { } [ ] » » ».

(*) (1) (a) §§ (—).

Tableau des abréviations.

J.-C.	=	Jésus-Christ.
N. S.	=	Notre Seigneur.
N. S. J.-Ch.	=	Notre Seigneur Jésus-Chr.
S. S.	=	Sa Sainteté.
N. S. P., le S. P.	=	Notre Saint-Père, le St-P.
Mr ou M.	=	monsieur.
MM.	=	messieurs.
Mme	=	madame.
Mlle	=	mademoiselle.
Me	=	maître.
Md	=	marchand.
Le Sr	=	le sieur.
Vve	=	veuve.
S. M.	=	Sa Majesté.
S. M. I.	=	Sa Majesté Impériale.
S. M. B.	=	Sa Majesté Britannique.
S. M. T. C.	=	Sa Majesté très chrétienne.
S. M. C.	=	Sa Majesté catholique.

(*) La première ligne contient les signes de ponctuation, et les deux autres les signes orthographiques.

6

S. A. I.	=	Son Altesse Impériale.
S. A. R.	=	Son Altesse Royale.
S. A.	=	Son Altesse.
S. A. S.	=	Son Altesse Sérénissime.
S. Exc.	=	Son Excellence.
S. Em.	=	Son Eminence.
Mgr	=	Monseigneur.
S. Gdeur	=	Sa Grandeur.
N. ou Nt	=	négociant.
Demt	=	demeurant.
Dpt	=	département.
C. à. d.	=	c'est-à-dire.
P. S.	=	post-scriptum.
Ex.	=	exemple.
7bre	=	septembre.
8bre	=	octobre.
9bre	=	novembre.
Xbre	=	décembre.
n°	=	numéro.
1er et 1°	=	premier, premièrement.
2e et 2°	=	deuxième, secondement.
3e et 3°	=	troisième, troisièmement.
Der.	=	dernier.
2nd	=	second.

DICTIONNAIRE

ABRÉGÉ DU MAUVAIS LANGAGE

OU TABLEAU

Des expressions qu'on doit éviter comme étant incorrectes ou trop triviales.

Ne dites pas :	*Mais dites :*
Elle m'a agonisée de sottises,	elle m'a accablée de sottises.
Les branches sont attachées au tronc,	sont adhérentes au tronc.
Une maison bien airée,	bien aérée.
Vous aurez à faire à moi,	vous aurez affaire à moi.
Des manières pleines d'affecta- tion,	pleines d'afféterie.
Un tranchant bien effilé,	bien affilé.
Délivrer un peuple du joug de son tyran,	affranchir un peuple, etc.
Cet enfant est plus vieux que son frère,	est plus âgé, etc.
Angencez-moi cela,	agencez-moi cela.
Vous en avez mal agi envers moi,	vous avez mal agi, ou vous en avez mal usé.
Ainsi donc elle partira,	elle partira, ou donc elle partira
Ces fruits ont l'air mûr,	ces fruits paraissent mûrs, ou ont l'air d'être mûrs.
Avoir l'air minable,	l'air misérable.
L'air rébarbaratif,	rébarbatif.
Cette personne a l'air rêveuse,	rêveur, ou paraît rêveuse.
Je vous cite des faits, des rai- sons, etc.,	je vous allègue, etc.
Je vous allègue des auteurs,	je vous cite des auteurs.
Je me suis en allée,	je m'en suis allée.
J'ai (ou nous avons) plusieurs endroits à aller,	je dois (ou nous devons) aller dans plusieurs endroits.
Je suis allée hier la voir,	j'ai été hier, etc.

Ne dites pas :	*Mais dites :*
Maman vient de sortir : elle a été à l'église,	elle est allée à l'église.
Allumez de la lumière,	apportez de la lumière ; allumez la lampe, etc.
Un chat angola,	angora.
Son souverain l'a ennobli,	anobli.
Le vent se calme,	s'apaise, mais on dit la mer s'est calmée.
Rappeler d'un jugement,	appeler.
Ce chien jappe,	ce chien aboie.
Un apprentif, une apprentive,	un apprenti, une apprentie.
Un lion privé,	apprivoisé.
Fil d'aréchal,	fil d'archal.
Je range mon armoire, etc.,	j'arrange.
Des arriérages,	des arrérages.
L'arrêt d'un préfet,	l'arrêté d'un préfet.
En errière,	en arrière.
Elles m'assaillissent,	elles m'assaillent.
Je m'assis, assis-toi,	je m'assieds, assieds-toi, asseyez-vous.
Une astérique,	un astérisque.
Vous n'atteindrez jamais la perfection,	vous n'atteindrez jamais à la perfection.
Il remplira ce but,	il atteindra ce but.
Le jour d'aujourd'hui, de demain,	aujourd'hui, demain.
Ma sœur est tombée avec moi,	est tombée et moi aussi.
Je vous écrirai de suite que j'aurai de ses nouvelles,	je vous écrirai aussitôt que, etc.
Se promener à l'entour de la ville,	autour de la ville.
Il parle autrement qu'il agit,	qu'il n'agit.
Déjeûner auparavant que de sortir,	avant de sortir.
L'article se met devant le substantif,	avant le substantif.

Ne dites pas :	*Mais dites :*
Je veux la voir avant qu'elle ne parte,	avant qu'elle parte.
Jouir d'une mauvaise réputation, d'une mauvaise santé,	avoir une mauvaise santé.
Je vais baigner, promener, etc.,	me baigner, me promener.
Une belsamine, des pêches auberges,	balsamine (pron. balzamine); des pêches-alberges.
Elle cousut hier son cahier,	elle cousit.
Bâiller aux corneilles,	bayer aux corneilles.
Il s'en faut de beaucoup que vous soyez instruite,	il s'en faut beaucoup que vous; mais on dirait : il s'en faut de beaucoup que vous m'ayez payée.
Elle a cru de bien faire,	elle a cru bien faire.
Je reviendrai d'abord,	je reviendrai bientôt.
Les joyaux de ma tante,	les bijoux.
Un tempérament bileux,	bilieux.
Si c'était un effet de votre bonté de me faire ce plaisir,	auriez-vous la bonté, ou : oserais-je vous prier de, etc. ?
Derrière mon dos, devant mon nez,	dites : derrière moi, et devant moi.
Bosseler la vaisselle d'argent, d'étain,	bossuer.
Un morceau de bouilli,	une tranche de bœuf.
Cette eau bouillit	cette eau bout.
de la boulie blanche,	de la bouillie.
Une bouloire, une bouillotte,	une bouilloire.
Brin par brin,	brin à brin.
Embrouillamini,	brouillamini.
Des brignons,	des brugnons.
Il brouillasse,	il y a des brouillards, ou, il bruine.
Remplir un but,	atteindre.
Cacaphonie,	cacophonie.
Les cahotements de la voiture,	les cahots.
Un caneçon,	un caleçon.

6.

Ne dites pas :	*Mais dites :*
Des pommes calvinès,	calvilles.
Du cambuis,	cambouis.
Aller en campagne, être en campagne,	aller à la campagne, être en voyage.
Un capuche,	une capuce.
Un homme carnassier ou carnivore,	un homme qui aime la viande, qui ne se nourrit presque que de viande.
Un carreau de papier,	un carré de papier.
En cas que votre sœur arrive ce soir,	au cas que.
Causer à quelqu'un,	causer avec quelqu'un.
Vous serez sensée me l'avoir prêté,	vous serez censée.
Une fièvre célébrale,	cérébrale.
Je viendrai demain pour sûr,	je viendrai certainement.
Elle ne décesse de parler, etc.,	elle ne cesse de parler.
Ces livres coûtent dix francs chaque,	dix francs chacun.
Un chacun,	chacun.
Il faut vous changer,	il faut changer de linge, de vêtements.
Le chaircutier,	le charcutier.
J'ai pris la vapeur,	le bateau à vapeur ou le chemin de fer.
Allez voir après cette personne,	cherchez cette personne.
Faites-la chercher,	envoyez-la chercher.
Il vaut mieux aller au boulanger qu'au médecin,	chez le boulanger que chez le médecin.
Chirugie, chirugien,	chirurgie, chirurgien.
Chrétienneté,	chrétienté.
Laisser la clef après la porte,	laisser la clef à la porte.
Le col d'un habit,	le collet ; mais on dit bien un col de chemise.
Colorer une image, une gravure,	les colorier.

Ne dites pas :	*Mais dites :*
Comparition,	comparution.
Mal complaisant,	peu complaisant.
Une compote aux pommes, etc.,	de pommes.
Il est tout confusionné,	couvert de confusion.
Tu sais bien la cour, le jardin,	tu connais bien.
Etre conséquent avec soi-même,	être conséquent à soi-même.
Une somme conséquente,	considérable.
Une consulte d'avocats, de médecins,	une consultation.
Ces deux maisons sont proches l'une de l'autre,	sont contiguës.
Contrevention.	contravention.
Vous contredites sans cesse,	vous contredisez.
Sans contredire,	sans contredit.
Contrefaction,	contrefaçon.
Décommander une chose.	contremander.
Ne désobéissez pas au règlement,	ne manquez pas ou ne contrevenez pas.
Corporance, bien corporé,	corpulence et corpulent.
Une phrase exacte,	correcte.
Colidor, écosse de pois, etc.,	corridor, cosse (ou écale) de pois, etc.
J'y suis couru,	j'y ai couru.
Coûte qui coûte,	coûte que coûte (quoi qu'il en coûte).
Un couvert de marmite, etc.,	un couvercle.
Une table de douze services,	de douze couverts.
Une couverte en laine, etc.,	une couverture.
Je crains qu'elle tombe,	qu'elle ne tombe.
Elle croit de bien faire,	elle croit bien faire.
Zoé cueillira,	Zoé cueillera.
Une culière,	une cuillère.
Lire sur un livre, un journal,	lire dans.
Déjeûner avec du café, dîner avec un poulet, etc.,	déjeûner de café, dîner d'un poulet.

Ne dites pas :	*Mais dites :*
Le livre, le chapeau à ma sœur,	le livre de ma sœur.
Je déchoirai, il déchoira,	je décherrai, il décherra.
Paul est défiant,	méfiant.
Cet étage a cinquante escaliers,	cinquante degrés.
Demander après quelqu'un,	demander quelqu'un.
Où reste votre sœur,	où demeure votre sœur.
Dépêchez-vous vite,	dépêchez-vous.
Descendez en bas,	descendez.
Détractation,	détraction.
Avoir des raisons avec quelqu'un,	avoir des difficultés.
Un bon dinde,	une dinde.
Je me suis laissé dire,	on m'a dit.
Elles se disputent sans cesse,	elles se querellent.
Dépersuader,	dissuader.
Pas plus grand que le doigt,	tout petit.
Ce mot m'a échappé,	m'est échappé.
Ce que je voulais vous dire m'est échappé,	m'a échappé
Une échauffourée,	échauffourée.
Eclairez Monsieur, Madame,	éclairez à Monsieur, à Madame.
Il est tout escloppé,	tout écloppé.
Des souliers aculés,	éculés.
Récurer,	écurer.
Aigledon,	édredon.
Faire ses embarras,	faire de l'embarras, faire l'important.
Je lui empêcherai de faire,	je l'empêcherai.
Enchifroné (rhume de cerveau),	enchifrené, enchifrènement.
J'empêcherai bien qu'il fasse,	qu'il ne fasse.
La lune emprunte sa lumière au soleil,	du soleil.
C'est un grand connaisseur de tableaux,	en tableaux.
C'est bien ennuyeux,	c'est bien ennuyant.

Ne dites pas :	Mais dites :
Un homme ennuyant,	ennuyeux.
Cette chose m'embête,	m'ennuie.
Puis ensuite,	ensuite (seul).
Le cheval entraîna la voiture,	traîna, mais on dirait bien : la voiture entraîna le cheval.
Cette mère est trop sévère, trop sérieuse avec ses enfants ou vis-à-vis de ses enfants,	envers, à l'égard de.
L'envers de la médaille,	le revers.
Le revers de cette feuille,	l'envers de.
Elle est jalouse de mes succès,	elle est envieuse de.
Evitez-lui cette peine, ce chagrin, etc.,	épargnez-lui.
L'irruption d'un volcan,	l'éruption.
Une érésipèle,	un érysipèle.
Descendre les escaliers,	descendre l'escalier.
Une esclande,	un esclandre.
Espadron, espadronner.	espadon, espadonner.
Esquilancie,	esquinancie.
L'exquisse d'un tableau,	l'esquisse.
J'ai cueilli des lis, des roses, eccétera,	des lis, des roses, et cœtera (qu'on prononce ète cétéra).
Des princes, des rois, et cœtera,	des princes, des rois et autres, ou, d'autres grands personnages ont, etc.
J'ai fait rétamer ces casseroles,	étamer.
Etre à même de faire, d'entreprendre, etc.,	être en état.
Connaître les aises d'une maison,	les êtres ; on dit aussi les aitres.
Ce vin s'évapore,	s'évente.
Portez ces assiettes sur le lévier,	sur l'évier.
Demander excuse à quelqu'un,	faire ses excuses, ou mieux : demander pardon.
Une fabrique de glaces, et une manufacture de bas.	une manufacture de glaces et une fabrique de bas.

Ne dites pas :	*Mais dites :*
Cette maison est en face le palais de justice,	en face du palais.
C'est un façonneur, une façonneuse,	c'est un façonnier, une façonnière.
J'ai la fringale,	la faim-valle.
Tâchez que votre sœur soit contente,	faites en sorte que.
Veux-je y aller,	dois-je y aller ? ou faut-il y aller ?
De jolies fanferluches,	fanfreluches.
Ce sont de vrais fratras,	fatras.
Ma tante a les fièvres,	a la fièvre.
Une personne bien argotée,	bien fine, bien rusée.
Enfin, finalement (c'est un pléonasme),	enfin, ou finalement, mais un seul de ces mots.
J'espère que vous ne me trouverez pas exigeante,	je me flatte que, ou, j'aime à croire que, etc.
Elle est si flegme,	si flegmatique.
Nos pêchers sont en fleurs,	en fleur sans s.
C'est le temps de la fleuraison,	floraison.
Cet auteur fleurissait,	florissait.
Votre sœur a un grand fond d'esprit, de bonté, etc.,	un grand fonds.
Le fonds de cette histoire,	le fond.
J'ai été forcée malgré moi de gronder,	j'ai été forcée de gronder.
Le fosseyeur,	le fossoyeur.
Une bonne franchipane,	frangipane.
Une fraise ou frésure de veau, de porc, etc.,	une fressure.
Une espérance frustée,	frustrée.
Un jambon enfumé,	fumé.
Zoé a une gastrique,	gastrite.
Paul ressemble à son cousin comme deux gouttes d'eau,	Paul et son cousin se ressemblent, etc.
Ma sœur gribouille son ouvrage	gâte ou brouille.

Ne dites pas :	*Mais dites :*
Elle ne fait sur ses cahiers que des gribouillages,	griffonnages.
Elle gribouille,	elle griffonne.
De la viande cuite sur la grille,	sur le gril.
Du fromage de Gruère,	de Gruyère.
Il ne s'en est fallu de guère,	il ne s'en est guère fallu.
Des marchandises de rencontre,	mieux vaut de circonstance ou d'occasion.
Je n'hésiterai point de vous le dire,	point à vous le dire.
Rentrez à bonne heure,	de bonne heure.
Rentrez plus de bonne heure,	de meilleure heure.
J'irai vous voir sur les une heure,	vers une heure.
J'ai vu votre tante hier matin, hier soir,	hier au matin, hier au soir.
Les histoires ancienne et moderne,	l'histoire ancienne et la moderne.
C'est un titre, une place honoraire,	honorifique (honoraire ne se dit que des personnes).
Etre d'une humeur massacrante,	d'une humeur insupportable.
Je suis heureuse comme une reine,	simplement, je suis très heureuse.
Une écriture inlisible,	illisible.
Imaginez-vous que l'on m'a crue malade,	imaginez que l'on, etc.
J'ai sur les bras une affaire conséquente,	importante.
Qu'importe son estime ou son blàme,	qu'importe de son estime ou de son blàme !
Vos reproches m'ont fait impression,	m'ont touchée, ou, ont fait impression sur moi.
C'est une faute d'attention,	d'inattention.
Cette conduite est impardonnable,	inexcusable.

Ne dites pas :	Mais dites :
Je suis froide, je suis chaude,	j'ai froid, j'ai chaud.
Je suis gelée de froid,	je suis gelée.
Ne lui insultez pas dans son malheur,	ne l'insultez pas.
Epicacuanha,	ipécacuanha.
Un homme sou,	ivre.
C'est un soulard,	un ivrogne.
Vous me paierez mes peines comme de juste,	comme il est juste, ou, il est juste que, etc.
Cette étoffe a 2 mètres de large,	de largeur.
Donnez-moi-le,	donnez-le-moi.
Laquelle est la plus grande de ma sœur ou de moi,	laquelle est plus grande, etc.?
Il leur est parent,	il est leur parent.
Félicie sort d'être malade ; et elle a fait une longue maladie,	vient d'être malade. elle a eu une longue, etc.
C'était une fièvre maline,	maligne.
Je vais à la mairerie,	mairie.
Une petite fille maline et enjouée,	maligne.
Conduisons-nous de manière à ce qu'on ait aucun reproche à nous faire,	de manière qu'on n'ait aucun.
Les bonnes élèves sont matinières ; ma sœur n'a été matineuse qu'aujourd'hui,	matineuses. matinale.
Mêler la douceur avec la fermeté,	à la fermeté.
J'ai acheté des poires bon-chrétien, messire-Jean,	de bon-chrétien, de messire-Jean.
Au fur et à mesure que,	à mesure que.
Vers les midi, les minuit, etc.,	vers midi, vers minuit.
Un bonnet d'évêque, de cardinal, de juge,	une mitre d'évêque, une barrette de cardinal, une toque de juge.

Ne dites pas :	*Mais dites :*
Montez en haut, au grenier, etc.	montez.
Ces fruits ne meurissent pas,	ne mûrissent pas.
Il y a huit jours que je ne vous ai pas vue,	que je ne vous ai vue.
Défiez-vous de ces saintes-mitouches,	saintes-nitouches (familier).
Ma cousine vint hier me voir malgré la pluie,	la pluie ne put empêcher, etc.
Je vous observe que vous êtes dans l'erreur,	je vous fais observer.
Elle observe cette personne,	elle la fixe avec attention.
De la fleur d'orange,	fleur d'oranger.
Si tu t'avises de faire, etc.,	si tu oses faire.
Défaites votre robe,	ôtez, quittez votre robe.
Il y avait sept à huit élèves,	sept ou huit élèves.
Avoir l'ouïe fin,	l'ouïe fine.
Un jour ouvrier,	un jour ouvrable ou un jour d'œuvre.
C'est à vous à qui j'en veux,	c'est vous que je veux, ou, c'est vous que je cherche.
Un parapel,	parapet.
Elle a fait cela au parfait,	parfaitement.
Une pariure,	un pari ou une gageure.
C'est à elle à qui je peux parler,	c'est à elle que je.
C'est de vous de qui elle se plaint,	c'est de vous qu'elle se.
Elle est passée devant la maison,	elle a passé, etc.; mais on dirait : cette mode est passée.
Cet oiseau a la pipie,	pépie.
Une femme perclue,	percluse.
Ses père et mère,	son père et sa mère.
Un petit peu,	un peu.
Ouvrez un peu la fenêtre, la porte,	ouvrez, si l'on veut l'ouvrir entièrement ; et dans le cas contraire on dit : entr'ouvrez, je vous prie.

Ne dites pas :	Mais dites :
Cette table est une idée plus grande que celle-ci,	un peu plus grande, tant soit peu plus grande.
Tant pire,	tant pis.
De mal empire, de pire en pire,	de mal en pis, de pis en pis.
Si j'étais de vous,	si j'étais à votre place.
De plein-pied, le plein-chant,	de plain pied, plain-chant.
Une salle planchée,	planchéiée.
Dépêchez-vous vite,	dépêchez-vous.
Prévoir d'avance,	prévoir.
Reculer en arrière, avancer en avant,	reculer et avancer.
Pliez cette jeune branche,	ployez ; mais on dit : pliez cette étoffe.
Elle a davantage d'instruction que sa sœur,	elle a plus.
Ceci est plus essentiel que vous ne le pensez,	ceci est essentiel.
Une pognée, un pognet,	une poignée, un poignet.
Le pommeau d'une canne,	la pomme ; et le pommeau d'une épée.
J'ai traversé le pont,	j'ai passé.
Je vous mettrai à même de,	à portée ou en état.
Comment vous en va,	comment va votre santé?
Votre tante est bien portante,	se porte bien.
Le vin est fait pour boire,	pour être bu.
Moyennant que,	pourvu que.
Prenez bien garde de ne pas tomber,	prenez garde de tomber.
Ma sœur demeure auprès de l'église,	près de l'église.
Zélie est toujours près de sa mère,	auprès.
Votre oncle a fait un beau cadeau à cette église,	un beau don ou un présent.
La bourse de Marie est quasi finie,	est presque achevée.

Ne dites pas :	Mais dites :
Nos soldats ont pris beaucoup de prisonniers,	ont fait.
L'année qui vient,	l'année prochaine.
Je vais promener, j'ai confirmée,	je vais me promener, j'ai été confirmée.
Proportionnellement à,	proportionnément à.
Un poumonique,	un pulmonique.
La Chandeleuse,	la Chandeleur ou la Purification.
Le combien du mois sommes-nous,	quel est le quantième du mois?
Ma cousine est grande comme moi,	ma cousine est aussi grande que moi.
C'est là où je l'ai vue,	c'est là que je l'ai vue.
Ce n'est pas de cela dont il s'agit, dont il est question,	qu'il s'agit, qu'il est question.
Ce n'est pas à vous à qui j'adresse ce reproche ; ce n'est pas de vous dont je me plains,	ce n'est pas à vous que j'adresse, etc ; ce n'est pas de vous que je me plains.
Tel qu'il soit, telle qu'elle soit,	quel qu'il soit, quelle qu'elle soit.
Il y a bien des fois que cela arrive,	cela arrive quelquefois.
Le peu qu'il me reste de vie,	le peu qui me reste de vie.
Cette tasse de café l'a régaillardi,	ragaillardi.
Rancuneux, rancuneuse,	rancunier, rancunière.
Je ne me rappelle pas de cela,	je ne me rappelle pas cela.
Et au lieu de : je ne m'en rappelle pas, dites :	je ne me le rappelle pas.
Au lieu de : vous en rappelez vous,	vous le rappelez-vous ?
Je me rappelle d'une chose,	je me rappelle une chose, ou bien je me souviens d'une chose.
Un récipissé,	un récépissé.
Ma sœur a recouvert la santé,	a recouvré.

Ne dites pas :	*Mais dites :*
Fixer une personne, un objet (pour dire envisager),	regarder ou fixer ses regards.
Se remémorier,	se remémorer.
Cette voûte raisonne,	résonne.
Réunir le mérite à la modestie,	réunir le mérite et la modestie.
Paul veut revenger son frère,	revancher.
Revange,	revanche.
A revoir,	au revoir.
Saigner au nez, ou par le nez,	saigner du nez.
Clémentine a abîmé sa robe, son châle, etc.,	a sali, a taché.
On la voit toujours à ne rien faire,	sans rien faire.
Pierre jouit d'une mauvaise santé,	a une mauvaise santé.
Un feu de serment,	de sarment.
Sous votre respect,	sauf votre respect, ou sauf le respect que je vous dois.
Soupoudrez cette tarte de sucre,	saupoudrez.
On m'a fait à savoir,	on m'a fait savoir.
Un sciau d'eau,	un seau.
Une seigneurerie,	seigneurie.
Servez la semouille,	la semoule.
Ce n'est rien que pour m'échauffer les pieds que je saute,	c'est seulement pour m'échauffer les pieds, ce n'est que pour, etc.
Une grande solemnité,	solennité (prononcez solanité).
Il croit aux sorcilèges,	sortilèges.
Une maison sans dessus dessous,	sens dessus, etc.
Une voix de centaure,	de Stentor (c'était un capitaine grec renommé pour sa force).
Un discours bref,	succint.
Sucrez-vous,	prenez du sucre.
Êtes-vous sucrée,	êtes-vous servie de sucre, ou, avez-vous pris du sucre?
Il s'en suit de là que,	il suit de là que.

Ne dites pas :	Mais dites :
C'est un véritable assujettissement,	c'est une véritable sujétion.
Cette personne a supérieurement bien parlé,	supérieurement parlé.
Mettez ce plat dessus la table,	sur la table.
Dessous ma chaise,	sous ma chaise.
Une toile d'oreiller,	une taie, etc.
Je ne puis plus marcher à force que je suis fatiguée,	tant je suis fatiguée.
Une bonne tartre,	tarte.
La tendresse de cette viande,	la tendreté.
Un fameux théologien,	un grand.
Un grand auteur,	un auteur célèbre, distingué.
Cette toile est bien tissée,	tissue.
Un mur mousseux,	moussu.
Il fait de la pluie, de la boue,	il tombe de la pluie ; il y a de la boue.
Venez de suite,	tout de suite.
Le pilote perdit la trémontade,	la tramontane.
Transvidez ce vin, etc.,	transvasez.
Apportez le trois pieds,	le trépied.
Cette étoffe est d'un bon usage,	d'un bon user.
Va-t-en,	va-t'en.
Du papier velin,	vélin.
Une plante vénimeuse,	vénéneuse (vénimeux ne se dit que des animaux).
Je vais aux vêpres, aux complies	je vais à vêpres, etc.
Videz de l'eau dans ce vase,	versez.
Une poire virgoureuse,	virgouleuse (de Virgoulée près de Limoges).
La conduite de cette mère vis-à-vis son fils,	envers son fils.
Cette terre lui rapporte assez pour vivre,	pour la faire vivre.
J'ai mangé un morceau de volaille bouillie,	de poule, etc.

7

Ne dites pas :	Mais dites :
Cet ouvrage est en un seul tome et deux volumes,	cet ouvrage est en un volume et deux tomes (c'est la reliure qui sépare les volumes, et la division de l'ouvrage qui distingue les tomes).
Mène-m'y,	mène-s-y-moi.
Elle s'est en allée,	elle s'en est allée.
Un zéro en chiffre,	un zéro sans chiffre.
Nous sommes logées (pour avoir des soldats),	nous avons des soldats à loger.
Jeter des dragées à la grappille,	à la gribouillette.
Manger des mattefaims,	des crêpes.
La rasure de cette bouillie blanche,	le gratin.
De grandes ongles,	de longs ongles.
Se jeter en bas d'un cheval,	se jeter à bas.
Cet homme est aveugle des deux yeux,	est aveugle.
Elle est borgne d'un œil,	elle est borgne.
Je suis à couvert de la pluie,	à l'abri.
Il veut s'en faire croire,	s'en faire accroire.
Mon frère vous impose par ses mensonges,	vous en impose.
La présence de mon père m'en impose,	m'impose.
Il lui est impossible de pouvoir venir,	il lui est impossible de venir.
J'ai mangé des œufes frais, durs, etc.,	des œufs frais (sans faire entendre le f.).
De l'épilevinette,	de l'épine-vinette.
Du bon Champagne, du Bordeaux, etc.,	du vin de.
Sourd comme un pot,	très sourd.
Sot comme un panier,	extrêmement sot.
Cette demoiselle écrit mieux que je le croyais,	que je ne le croyais : mieux veut toujours ne avant le verbe qui suit que.

Ne dites pas :	*Mais dites :*
Ce malade se trouve bien mieux,	beaucoup mieux.
Jouer de la flûte, battre du tambour,	jouer un air, etc., sur la flûte, battre le tambour.
Je crois en Dieu le père tout-puissant, le Créateur,	simplement : créateur (en disant *le* il semblerait qu'il y a deux pères tout-puissants et qu'un seul est créateur).
Je me confesse à Dieu le père tout-puissant,	je confesse à Dieu tout-puissant; parce qu'on confesse aux trois personnes divines.
C'est pourquoi je prie à la bienheureuse Vierge Marie,	c'est pourquoi je prie la bienheureuse, etc.
Que le Dieu tout-puissant ait pitié de nous,	que Dieu tout-puissant.
Pardonnez-nous nos offenses comme nous les pardonnons,	comme nous pardonnons.
Défendez-nous, Seigneur, quand nous veillerons, et conservez-nous quand nous dormons,	défendez-nous quand nous veillons et conservez-nous quand nous dormirons.
J'y dis, j'y fais, j'y sais, etc.,	je le dis, je le fais, je le sais.
Voyons voir, voyons un peu,	voyons, voyons cela.
Je l'ai vu de mes yeux,	je l'ai vu.
Venez voir ici,	venez ici.
Une alèze, un cartable,	une camisole, un carton.
Un soucard de chemise,	un gousset.
Classe gratis,	gratuite.

NOMS MASCULINS.

Une acte, une alvéole, une amalgame,	un acte, un alvéole, etc.
Une bonne anis, une antidote, une apologue,	un bon anis, etc.
Une astérisque, une balustre, une caramel,	un astérisque, un caramel, etc.

Ne dites pas :	*Mais dites :*
Une cigare, une échange, une éclair,	un cigare, etc.
Une emblème, une érysipèle, une esclandre,	un emblème, etc.
Une espace, une évangile, une évantail,	un espace, etc.
Une exorde, une hémisphère, une hôtel,	un exorde, etc.
Une incendie, une intervalle, une monticule,	un incendie, etc.
Une narcisse, une obélisque, une ongle,	un narcisse, etc.
Une organe, une parafe, une pétale, une belle ivoire,	un organe, etc.
De la bonne argent,	du bon argent.
Une ulcère, une uniforme, une ustensile,	un ulcère, etc.

NOMS FÉMININS.

Un argile, un armoire, un artère, un atmosphère,	une argile, etc.
Un dinde, un échappatoire, un écritoire,	une dinde, etc.
Un ellipse, un énigme, un épigramme, un équerre,	une ellipse.
Un escarre, un gaufre, un giroflée,	une escarre, etc.
Un horloge, du nacre, un vert oasis (*),	une horloge, de la nacre, une verte oasis.
Un offre, un orbite, le patère de cette draperie, un sentinelle, un bel hortensia,	une offre, une belle hortensia.

(*) Faites sentir le *s* final. Espace qui offre de la végétation au milieu des brûlants déserts de l'Asie et de l'Afrique.

Ne dites pas :	Mais dites :
Fin comme l'ombre,	fin comme l'ambre (l'ambre est une substance odorante très pénétrante).
Le jour d'aujourd'hui ne ressemble pas à celui d'hier,	simplement : ce jour est bien différent d'hier.
Vin paillé,	vin paillet.
Palissader des pêchers,	palisser.
Un vessicatoire,	vésicatoire.
Du lessieu,	de la lessive ou de l'eau de lessive.
Mettez ce bois sous l'hangar,	sous le hangar.
J'ai mangé de l'hachis pour mon dîner,	du hachis.
Je vais sous l'halle,	sous la halle.
Cet hamac est charmant,	ce hamac.
L'hampe de ces tulipes est desséchée,	la hampe.
J'ai une douleur à l'hanche droite,	à la hanche.
Cet hanneton s'envole,	ce hanneton.
Je suis zarassé de fatigue,	je suis (*) harassé (sans liaison).
Ce malade est or de danger,	est (*) hors.
Votre cousine est onteuse de sa faute,	est (*) honteuse.
Cet enfant est trop ardi ; son ardiesse le perdra,	il est trop (*) hardi. sa (*) hardiesse le perdra.
Mettez des aricots autour de ces arengs,	des (*) haricots autour de ces (*) harengs.
Ne vous asardez pas de cueillir ces oublons, vous tomberiez,	ne vous (*) hasardez pas de cueillir ces (*) houblons.
Tomber de son auteur à la renverse,	de sa (*) hauteur.
Des âvre-sacs,	(*) hâvresac.

(*) Les mots ainsi marqués doivent se prononcer sans liaison ni élision, parce que l'*h* y est aspiré.

Ne dites pas :	Mais dites :
Il s'est éurté le front contre le mur,	il s'est (*) heurté.
L'hibou fuit la société des autres oiseaux,	le (*) hibou.
Le vice est ideux par lui-même,	est (*) hideux.
Les oches de cette taille ne sont pas assez marquées,	les (*) hoches (les petites coches que l'on fait sur une taille pour la boucherie, etc.).
Les ussards ongrois sont de bons soldats,	les (*) hussards (*) hongrois.
L'Hollande est très fertile,	la (*) Hollande.
Des ordes de barbares vinrent fondre sur ce pays,	des (*) hordes.
Servez les ors-d'œuvre,	les (*) hors-d'œuvre.
Ces fruits sont ors de prix,	(*) hors de prix.
Cet homme est hors d'affaire,	(*) hors d'affaire.
J'ai acheté deux ottées de raisin blanc,	deux (*) hottées.
Les uguenots n'étaient autres que les calvinistes,	les (*) huguenots.
Ces oiseaux ont de jolies uppes,	(*) huppes.
Quel embrouillamini,	quel brouillamini.
Elle n'a pu y mordre,	elle n'a pu comprendre cette chose.
Elle s'en est mordu les doigts,	elle s'en est repentie ou elle en est fâchée.
On lui a bien rogné les ongles,	on a diminué son pouvoir.
Une petite fille abstraite,	distraite.
J'ai effilé la lame de mon canif,	affilé.
Je fus le voir, il fut le trouver,	j'allai le voir, il vint le trouver.
Cette tache s'en va,	disparaît.
Eau d'arquebuse,	eau d'arquebusade.
Prendre à brasse-corps,	à bras le corps.
Remplir un but,	l'atteindre.
Dans les conjectures malheu-	dans les conjonctures, etc.

Ne dites pas :	*Mais dites :*
reuses on fait souvent de fausses conjonctures,	on fait souvent de fausses conjectures.
Une jolie dentelure,	denture.
Cette étoffe déteint,	se déteint.
Vous avez tort de vous disputer,	de disputer.
La terre s'écroûla sous nos pieds,	s'ébonla.
Elevez vos yeux vers le ciel,	levez.
Cette élève est excluse du jeu,	exclue.
C'est dimanche la fête à Dieu,	la Fête-Dieu.
Je l'ai regardé fixément,	fixement.
A la bonne flanquette,	à la bonne franquette.
Quatre œufes, quatre-s-yeux,	quatre œufs (prononcez eu) ; quatre yeux.
Les yeux du pain, de la soupe,	les œils.
Une vallée ombrageuse,	ombreuse.
Le bel orge,	la belle orge.
Pantomine,	pantomime.
Intérêt pécunier,	pécuniaire.
Un perce-neige, la platine (or),	une perce-neige, le platine.
Un joli prié-Dieu,	prie-Dieu.
J'ai essuyé une rebiffade,	rebuffade.
Quand il a fallu faire telle chose elle a saigné du nez,	quand il a fallu, etc., le courage ou la force lui a manqué.
Du sandarac,	de la sandaraque.
Ce canard sent le sauvage,	le sauvagin.
Ma sœur sort d'être malade,	vient d'être.
Des tendons de veau,	tendrons.
Toucher de l'orgue, du clavecin, du piano,	toucher l'orgue, etc.
Pincer de la guitare, de la harpe, du luth,	pincer la, le, etc.
Ce doigt me donne des lancées,	des élancements.
Des souliers aculés,	éculés.
J'ai plusieurs endroits à aller,	je dois aller en plusieurs endroits.

Ne dites pas :	Mais dites :
Quels arias !	quels embarras!
On ne connaît plus les conditions,	on ne reconnaît plus.
Je ne puis sortir avec ce temps,	par ce temps ou avec le temps qu'il fait.
Des balles de lessive,	des mannes.
De jolies bamboches,	babouches.
J'ai fait bisquer Julie,	j'ai mis Julie de mauvaise humeur.
Des bienfaicteurs généreux,	des bienfaiteurs.
Elle est aujourd'hui dans ses bonnes,	elle est de belle humeur.
Des brossailles épaisses,	broussailles.
Avez-vous fini le brouillard de votre lettre,	le brouillon.
Donnez-moi une bûche de bois,	une bûche.
Vous êtes toute mouillée, changez-vous,	changez de vêtement (ou de linge).
Voilà de beaux cadres,	de beaux tableaux.
Prenez une infusion de camomile,	de camomille (avec ill polyg.).
Mangerez-vous des cervelles de mouton,	de la cervelle.
Le combien du mois sommes-nous,	quel quantième du mois avons-nous?
Ce malade s'est connu jusqu'au dernier moment,	a eu sa connaissance.
Les oreilles me cornent ou me sonnent,	me tintent.
Cette viande sent le graillon,	sent le roussi.
Un grignon de pain,	un quignon ou un quartier.
Donnez-moi-z'en donc,	donnez-m'en.
Ramassez ces écoupeaux,	ces copeaux.
Une écuelle de lait,	une écuellée.
Du bon elexir,	élixir.
Être mal, n'être pas en train,	n'être pas bien disposée.

Ne dites pas :	Mais dites :
Votre sœur a fait une grave maladie,	a eu une grave, etc.
Un gigier de poulet,	un gésier.
Une géanne ; nous ferons au four demain,	une géante ; nous cuirons, etc.
Cet enfant ne fait que ginguer,	que s'agiter.
Votre sœur m'en fait voir de grises,	votre sœur me fatigue, me tourmente.
Apportez sur table les huilières,	l'huilier.
Nous avons 20 personnes à manger,	20 personnes à dîner.
J'ai fait cela par mégard,	par mégarde.
Croyez-vous que cela se jette au moule,	se jette en moule.
Un violent oragan,	ouragan.
Une rue passagère,	passante.
Un parevent,	un paravent.
Je ne fais pas rien comme ma sœur,	je ne fais pas comme, etc.
Donnez-vous la peine de vous asseoir,	veuillez vous asseoir.
Il n'a pas pipé,	il n'a pas répondu un seul mot.
Ma tante a pour moi tout plein de bonté,	beaucoup de bonté.
Faire tout à la rebours,	tout à rebours ou au rebours.
Pierre et Paul ont eu des raisons ensemble,	P. et P. ont eu une contestation. On dit : avoir une contestation avec quelqu'un, et non : avoir des raisons avec.
Votre amie malade a rechuté,	a fait une rechute.
Buvez ce café dans cette secoupe,	dans cette soucoupe.
Pauline a reçu une bonne salade ce matin,	une bonne réprimande.
Cladie dort comme une souche,	comme une marmotte.
Des pot-à-l'eau, des pot-à-fleur,	des pots à eau, à fleur.

7.

Ne dites pas :	*Mais dites :*
Ces pots de beurre et de confiture sont vides,	ces pots à beurre, à confiture.
Elisa ne fait que me testicoter,	que me contrarier.
Allons sous la tonne,	sous le berceau ou sous la treille.

DU CRI DES ANIMAUX.

L'abeille, le bourdon et la mouche bourdonnent.

L'aigle trompette.

L'alouette grisolle.

La caille carcaille.

Le canard nasille.

La cigale craquette et chante.

La colombe et le ramier gémissent.

Le coq coqueline et chante.

La poule glousse, les petits poulets piaulent.

L'âne brait.

Le bœuf beugle, et la vache mugit.

Les gros chiens aboient.

Les petits chiens jappent.,

La brebis bêle, le cerf brame.

Le chat miaule, le cheval hennit (prononcez hanit).

L'hirondelle et la linotte gazouillent.

Le loriot, le merle et l'oie sifflent.

Le cochon grogne.

Le paon criaille.

Le corbeau croasse.

Le dindon gouglote.

La grive gringotte.

Le perroquet cause, jase.

La pie jacasse.

Le lion rugit.

Le loup hurle.

Le crapaud et la grenouille coassent.

Le hanneton bourdonne.

Le pigeon roucoule.

Le renard et le lapin glapissent.

Le roitelet gazouille.

Le rossignol ramage.

Le serpent siffle.

Le taureau mugit.

La tourterelle gémit ou roucoule.

L'éléphant barète.

Le hibou hue.

Le milan huit.

Le moineau pépie.

Noms par lesquels on désigne leurs parties communes.

On dit :

1° Le pied d'un cheval, d'un bœuf, d'un mouton, etc., et de tous les animaux chez lesquels cette partie est de corne.

2° La patte d'un chien, d'un chat, d'un lièvre, d'un pinson ; et en général de tous les animaux chez lesquels cette partie n'est pas de corne.

3° Les serres (pour les pieds) de l'aigle, du vautour et de tous les oiseaux de proie.

4° La bouche d'un cheval, d'un âne, d'une vache, d'un bœuf, etc.

5° La gueule d'un brochet, d'une carpe, d'un tigre, d'un lion, d'un chien, d'un chat, etc.

6° Le bec d'un perroquet, d'un poulet et de tous les volatiles.

7° Le groin d'un cochon.

8° Le museau d'un renard, d'une blette.

9° Le mufle d'un cerf, d'un bœuf, d'un tigre et d'un lion.

10° La tête d'un lion, d'un cheval, d'un oiseau, d'une mouche, etc.

11° La hure d'un sanglier, d'un brochet, d'un saumon et d'un loup.

12° (Et pour les dents on dit) : les défenses d'un éléphant, d'un sanglier.

13° Le bois d'un cerf (pour ses cornes).

14° Les os d'une baleine, l'os d'une sèche.

15° Et on se sert du mot arête pour tout autre poisson.

RÈGLES

POUR LA LECTURE DU LATIN.

1° Combien le latin a-t-il de consonnes finales qui doivent se prononcer?

R. Toutes doivent se prononcer.

(Dire que le latin n'a point de lettres nulles.)

2° Et combien compte-t-on de sortes d'*e* dans le latin?

R. On en compte deux : l'*e* fermé et l'*e* ouvert.

3° Comment les distingue-t-on?

R. On les distingue par la place qu'ils occupent dans le mot, et par les lettres qui les précèdent ou qui les suivent.

4° Dans combien de cas l'*e* est-il fermé?

R. Dans trois cas seulement : au commencement et à la fin des mots; et dans le corps du mot, avant ou après une seule articulation, ou deux articulations différentes, mais dont la seconde est une liquide.

5° Et dans quels cas l'*e* est-il ouvert dans le latin?

R. Il l'est aussi dans trois cas : au commencement ou dans le corps du mot; après deux articulations semblables, ou deux articulations différentes, mais dont la seconde n'est pas une liquide; et à la fin des mots suivis d'une articulation (amen).

6° Quelle remarque faites-vous sur les articulations doubles?

R. Comme le latin n'a point de lettres nulles, lorsqu'un mot présente deux lettres semblables, il faut les faire entendre toutes deux en lisant (pennam, gemma).

7° Quelles sont, dans le latin, les articulations ou lettres dont la prononciation varie?

R. Ce sont les mêmes que dans le français : c, g, s, t ; et les règles pour la prononciation de ces lettres sont les mêmes (*).

8° Comment prononcez-vous les sons liés?

R. On les prononce avec le son de l'e fermé (cœlis, cœci).

9° Comment prononce-t-on le son synonyme en :

R. On le prononce in, pourvu qu'il ne soit pas final, ou suivi d'un n.

10° Comment prononce-t-on les sons am et em, suivis d'un b ou d'un p?

R. Le premier se prononce comme dans le français (an); et le second se prononce comme le son in.

11° Lorsque l'u est suivi d'un m ou d'un n, comment le prononcez-vous?

R. On le prononce en général comme un o (Deum, secundum, tuum).

Mais si le n était suivi d'un c, l'u ne changerait pas de prononciation (nunc, tunc, hunc, cunctorum).

(*) Il n'y a d'exception que pour le t qui, suivi de deux i, se prononce toujours ci (petiit, gratiis).

12° Comment se prononce l'articulation *ch?*

R. l'articulation *ch* se change toujours en *k* dans le latin.

13° Comment prononce-t-on l'articulation *gn?*

R. On la prononce *gue-ne* (ligna, igne).

14° Comment prononcez-vous les syllabes *gua, gue, gui, guo?*

R. On les prononce : *goua, gu-é, gu-i, go.* (*).

15° Comment prononcez-vous les syllabes *qua, que, qui, quo, quu?*

R. On les prononce *koua, qu-é, qu-i, ko, ku.* Il n'y a d'exception que pour les mots antiquum, reliquus, et pour ceux qui sont dans le même cas.

16° Que remarquez-vous sur le *l* doublé et précédé de l'*i?*

R. Comme l'articulation polygramme *ill* (ou le *l* mouillé) n'existe pas dans le latin, on doit, même dans le cas cité, faire entendre les deux *l* (ancil-la).

17° Comment prononce-t-on en latin le son synonyme *ai?*

R. On le prononce *a-i* (ou aï), comme si l'*i* était surmonté d'un tréma. Ainsi, maius = maïus, ait = aït.

18° Comment prononcez-vous les sons polygrammes *oi* et *ou?*

R. On les prononce comme le son *ai;* c'est-à-dire

(*) Il faut excepter de cette règle le verbe *arguere* que l'on prononce *argu-o, argu-am.*

que les deux lettres se prononcent séparément; ainsi, coutor, introitum, se prononcent : coütor, introïtum.

19° Comment prononcez-vous le son polygramme *eu?*

R. Dans les mots *Deus, meus,* et dans plusieurs autres, l'*e* et l'*u* font deux syllabes; mais le plus souvent ils n'en font qu'une et se prononcent comme dans le français. A la fin des mots *eu* = toujours *e-u.*

20° Comment prononcez-vous le *s* dans les mots desuetus, præsolus, desuper, deservire, etc. ?

R. Le *s* s'y fait entendre avec son son propre, à cause de la particule qui le précède.

(Cette règle ne peut être bien comprise que par les personnes qui connaissent un peu le latin).

Nota. Cette dernière question n'est point de rigueur; mais il est nécessaire de parler des accents qui se rencontrent assez fréquemment dans la lecture du latin, et que les élèves pourraient confondre avec ceux qui se trouvent dans notre langue. On leur dira donc :

1° que l'accent grave ne sert qu'à désigner les adverbes latins.

2° Que l'accent circonflexe n'ajoute rien au son sur lequel il se trouve.

3° Que le tréma lui-même, que l'on voit quelquefois dans le latin, ne change en aucune façon la prononciation de la lettre sur laquelle il se trouve; puisque nous avons dit que les sons polygrammes *ai,* *oi* et *ou* forment toujours deux syllabes.

Le son synonyme *au* serait donc le seul sur lequel on devrait le mettre, puisque ce son est le seul son polygramme qui conserve dans le latin la prononciation qu'il a dans le français.

4° Il faudra dire aussi que l'*h* s'emploie dans le latin comme il s'emploie dans notre langue ; c'est-à-dire qu'il ne change rien à la prononciation du mot dans lequel il se trouve, et que le latin ne connaît point d'*h* aspiré.

Comme les règles pour la prononciation du latin sont bien différentes de celles du français, on ne doit admettre à cette sorte de lecture que les élèves qui possèdent bien les règles du français, et qui le lisent correctement.

QUESTIONNAIRE.

PREMIÈRE CLASSE.

(Pages 5 et 6). (*)

1. Combien y a t-il d'accents ?   R......
2. Combien y a-t-il de sortes d'*e?*
R. Il y a quatre sortes d'*e*. (On les nomme.)
3. Comment les prononce-t-on ?   R......
4. Comment distinguez-vous ces différentes sortes d'*e?*
R. Par le moyen des accents (et le reste).
5. Quel accent mettez-vous sur l'*e* muet ?
R. On n'en met point.
6. Comment divise-t-on les lettres ?
R. On les divise en sons et en articulations.
7. Qu'appelle-t-on sons monogrammes ?
R. Ceux qui n'ont qu'une seule lettre.
8. Combien en compte-t-on ?
R. On en compte sept qui sont : *a e é è i o u.*
9. Pourquoi ces lettres sont-elles appelées sons ?
R. Parce qu'elles peuvent former seules des syllabes et des mots.
10. Qu'entend-on par syllabe ?
R. On appelle syllabe une ou plusieurs lettres qui se prononcent par une seule émission de voix. (Faire comprendre ce mot émission.)
11. A quoi sert l'accent circonflexe ?
R. A distinguer les sons qu'on appelle longs de ceux qu'on nomme brefs.

(*) Ces chiffres indiquent la page ou les pages du Principe auxquelles les questions qui suivent se rapportent : le premier chiffre indique la page où les questions commencent, et le second la page où elles finissent.

12. Et quels sont donc les sons qu'on nomme longs ?

R. Ceux sur lesquels on appuie davantage en les prononçant.

13. Les sons n'ont-ils pas un autre nom ?

R. Ils sont aussi appelés voyelles, du mot *voix* ou *son*.

14. Combien avons-nous d'articulations monogrammes ?

R. Dix-huit : *b c k q d f g j l m n p r s z t v* et *x*.

15. Que signifie ici le mot *articulation ?*

R. Il signifie prononciation distincte.

16. Ces lettres n'ont-elles pas un autre nom ?

R. On les appelle encore consonnes, ce qui signifie *sonner avec*.

17. Et pourquoi les appelle-t-on ainsi ?

R. Parce qu'elles ne peuvent former de syllabes qu'avec le secours des sons.

18. Combien avons-nous de sortes de *q ?*

R. Trois : le *c* simple variable, le *k* simple invariable et le *q* composé.

19. Pourquoi ce dernier *q* est-il dit composé ?

R. Parce qu'il est toujours suivi d'un *u ;* excepté dans les mots *coq* et *cinq*.

20. Quel est le nom commun aux articulations et aux sons ?

R. On les nomme éléments.

21. Pourquoi les appelle-t-on ainsi ?

R. Parce qu'avec eux on forme des syllabes, des mots et des phrases.

*22. En combien de classes divise-t-on toutes les difficultés de la lecture, de l'orthographe et de la prononciation ?

R. On les divise en huit classes : la première classe ne comprend que les accents, les *e,* les sons et les articul.; la deuxième classe est l'application de la première ; la troi-

(*) Toutes les demandes marquées d'une étoile doivent être réservées pour les élèves de la 6e, de la 7e et de la 8e classe.

sième renferme les sons monogram. articulés ; la quatrième, les sons et artic. polygram. ; la cinquième, les sons et artic. composés ; la sixième, les lettres variables et les sons et artic. synonymes ; la septième, les lettres nulles ; et la huitième classe renferme toutes les principales difficultés qu'offrent la prononciation et l'orthographe de certains mots. (*)

DEUXIÈME CLASSE.

Questionnaire (pages de 7 à 9).

Faire connaître aux enfants ce qu'on entend par orthographe ; leur dire que ce mot est formé du grec *orthos* qui signifie droit, correct ; et de *graphô*, j'écris : j'écris droit ou correctement.

1. Ecrivez-moi les syllabes be et bé ?

1re *élève*. — R. Be : b,e=be (**). Cette syl. est formée d'une artic. monog. et d'un son muet ; il est muet parce qu'on le prononce *e ;* je ne mets point d'accent dessus. (***)

2e *élève.* — Bé : b,é=bé. Cette syllabe est formée d'une artic. monog. et d'un son fermé ; il est fermé parce qu'on le prononce *ez ;* je mets dessus l'accent aigu qui se fait de droite à gauche.

2. Ecrivez-moi et analysez-moi oralement les mots l'*ami* et l'*étude*.

1re *élève.*— R. L'a-mi : l',a=l'a ; m,i=mi : l'ami.— *Analyse :* ce mot a deux syllabes : la première syllabe *l'a* est

(*) Pour abréger, les mots articulation, monogrammes et polygrammes s'écriront ainsi : *artic. monogram. polygram.* et le mot syllabe s'écrira par *syl.*

(**) Cette première partie de la dictée, qui est pour toutes les classes, est à la portée de tous les âges et de toutes les intelligences.

(***) Cette seconde partie est ce que nous appelons l'analyse ; elle n'est pas de rigueur, mais elle est très précieuse en ce qu'elle forme dans l'enfant un esprit juste, réfléchi et tout-à-fait logique.

formée d'un *l* élidé et d'un son monog.; et la seconde syl. *mi* est formée d'un son et d'une artic. monog.

2° *élève.*—L'é-tu-de : l',é=l'é; t,u=tu; d,e=de : l'étude. Ce mot a trois syl. : la première syl. *l'é* est formée d'un *l* élidé et d'un son fermé ; il est fermé parce qu'on le pro- nonce *ez;* je mets dessus l'accent aigu qui se fait de droite à gauche ; la seconde syl. *tu* est formée d'une artic. monog. et d'un son monog.; et la troisième syl. *de* est formée d'une artic. monog. et d'un son muet : il est muet parce qu'on le prononce *e;* je ne mets point d'accent dessus.

3. Qu'est-ce qu'un *l* élidé ?

R. C'est le *l* suivi d'une apostrophe.

4. Quand est-ce que le *l* est élidé ?

R. Il est élidé dans *le* et *la* avant tous les mots qui commencent par un son : *l'ame, l'écu;* pour la àme, le écu.

* 5. Qu'est-ce donc qu'une apostrophe ?

R. C'est un petit signe qui marque l'élision ou la sup- pression des sons finals *a e i,* avant les mots qui commen- cent par un autre son ou par un *h* muet.

6. Qu'est-ce qu'un son circonflexe ?

R. C'est un son surmonté de l'accent de ce nom; ainsi : *â ê î ô û* sont dits *a e i o u* circonflexes ou sons monog. longs.

7. A quoi sert l'accent circonflexe ?

R. A distinguer les sons que l'on appelle longs de ceux qu'on nomme brefs.

8. Qu'annonce en général l'emploi de cet accent?

R. Il annonce la suppression d'une lettre dans la syl. où on le place. C'est ainsi que les mots *âne, tête, âge,* etc., s'écrivaient autrefois : *asne, teste, aage.* Mais c'est à tort qu'on écrit *ame* avec un accent circonflexe, car il n'y a au- cune lettre de supprimée dans ce mot.

Nota. Dans la dictée orale le même mot revient trois fois sur les lèvres de l'enfant : d'abord elle le syllabe lentement, puis elle l'écrit, et enfin elle l'analyse.

TROISIÈME CLASSE.

Sons monogrammes articulés.

Questionnaire (pages de 10 à 13).

1. Qu'est-ce qu'on entend par sons articulés ?

R. On appelle ainsi les sons qui sont suivis d'une articulation avec laquelle ils se lient : comme *ac, al,* etc. (*)

2. Combien un mot peut-il avoir de syllabes ?

R. Il a autant de syllabes qu'il a de sons.

3. Et combien une syllabe peut-elle avoir d'éléments ?

R. Une syllabe ne saurait avoir plus de deux éléments.

4. Lorsqu'une artic. se trouve seule entre deux sons, auquel des deux appartient-elle ?

R. Au dernier (ame).

5. Et s'il y avait deux artic. différentes, dont la seconde ne fût ni un *r* ni un *l*, qu'en ferait-on ?

R. Dans ce cas, la première appartiendrait au premier son et formerait avec lui un son articulé ; et la seconde se lierait avec le son suivant.

6. Comment les sons articulés doivent-ils être considérés?

R. Comme de simples lettres qu'on appellerait : *ab, eb, ec,* etc.; ils ne se décomposent pas, parce que ce sont des éléments.

7. Ecrivez-moi oralement les mots actif, carpe, calcul et carnaval ?

1re *élève.* — R. Ac-tif : ac;t,if=tif : actif. Ce mot a deux syl.; la première syl. *ac* est formée d'un son monog. articulé, et la seconde *tif* est formée d'une artic. monog., et d'un son monog. artic.

2e *élève.*—*Carpe.* Car-pe : c,ar=car; p,e=pe : carpe(**). La première syl. de ce mot est formée d'une artic. monog.

(*) Dire que tous les sons, sans distinction, peuvent être articulés (*or, eur, iel,* etc.).

(**) Il faut toujours répéter comme au premier mot : ce mot a tant de syllabes.

et d'un son artic.; et la seconde d'une artic. et d'un son muet.

3ᵉ *élève.*—*Calcul.* Cal-cul : c,al=cal; c,ul=cul : calcul. Les deux syllabes de ce mot sont formées chacune d'une artic. monog. et d'un son artic.

4ᵉ *élève.* — *Carnaval.* Car-na-val : c,ar=car ; n,a=na ; v,al=val : carnaval.

Ce mot a trois syl. La première et la dernière sont formées chacune d'une artic. monog. et d'un son artic.; et la deuxième syl. *na* est formée d'une artic. et d'un son monog.

Nota. 1° Dans les phrases, la première élève syllabe d'abord lentement toute la phrase ; elle syllabe de nouveau le premier mot, et elle l'écrit ; la seconde élève syllabe, écrit et analyse le deuxième mot ; et ainsi de suite jusqu'à la fin de la phrase qu'on répète ensuite tout entière.

2° Il n'est pas nécessaire que la lecture et la dictée orale marchent de pair. La seconde ne doit jamais retarder la première.

Répétition générale. (*)

QUATRIÈME CLASSE.

Questionnaire (pages de 13 à 16).

Sons et articulations polygrammes simples.

1. Qu'entend-on par sons et artic. polygrammes?

R. On appelle ainsi les sons et les artic. qui ont plusieurs lettres.

2. Combien compte-t-on de sons polygrammes?

R. Huit, qui sont : *eu, ou, an, in, on, un, oi, oin.*

* 3. Combien la langue française compte-t-elle de sons ?

R. Quoique notre langue compte déjà plus de cent mille mots, elle ne compte néanmoins que 15 sons : 7 sons mo-

---

(*) La répétition générale, que nous indiquons avant chaque changement de classe, doit se répéter deux fois par semaine pour les commençantes.

nog. et 8 sons polyg., car les sons composés ne sont pas de nouveaux sons.

4. Et combien avons-nous d'artic. polyg. simples ?

R. Trois : *ch, gn* et *ill.* (*)

5. Comment ces artic. et ces sons doivent-ils être considérés ?

R. Comme de simples lettres qu'on nommerait : *eu, ou, ch, gn*, etc.

6. Ces articulations et ces sons ne peuvent donc pas se séparer ?

R. Non, parce que ce sont des éléments. (**)

7. Pourquoi ces nouveaux éléments sont-ils appelés polygrammes ?

R. Parce qu'ils ont plusieurs lettres.

8. D'où sont tirés les mots monogramme et polygramme ?

R. Ils sont tirés du grec : le premier vient du mot *monos* qui signifie seul, et de *gramma* qui signifie lettre ; et le second vient de *polus* qui signifie plusieurs.

9. Quelle remarque y a-t-il à faire sur les artic. polyg. *gn* et *ill ?* (***)

R. A l'exception des verbes dont la première personne du présent de l'indicatif est en *gnon* ou *illon*, et qui tous prennent un *i* après le *gn* et le *ill*, à la première et à la seconde pers. plur. de l'imparf. de l'indicatif et du présent du subjonctif, ces deux articul. ne veulent jamais d'*i* après elles.

10. Quelle remarque particulière y a-t-il à faire sur tous les mots dont la finale est en *ion ?*

R. Si on en excepte les cinq mots : *communion, opinion,*

(*) Le *sh* anglais équivaut à notre *ch*.
(**) Dire que si notre langue avait des caractères qui puissent les représenter par une seule lettre, elle n'en emploierait pas plusieurs.
(***) Bilieux est le seul adjectif de cette terminaison qui s'écrive par *l* monog. suivi d'un *i*; tous les autres prennent *ill* polyg. et par conséquent rejettent l'*i* : périlleux, rocailleux, etc.

union, désunion et *réunion,* tous les autres mots de cette désinence s'écrivent avec l'artic. *gn,* et par conséquent ne prennent point d'*i.*

11. Ecrivez-moi les mots chou, bouillon, montagne et railleur.

1ᵣₑ *élève.* — Chou : ch,ou=chou. Ce mot n'a qu'une syllabe qui est formée d'une artic. et d'un son polyg.

2ᵉ *élève.* —Bouillon. Bou-illon : b,ou=bou ; ill,on=illon : bouillon. Ce mot a deux syl. : la première syl. *bou* est formée d'une artic. monog. et d'un son polyg.; et la seconde syl. *illon* est formée d'une artic. polyg. et d'un son polyg.

3ᵉ *élève.* —Montagne. Mon-ta-gne : m,on=mon ; t,a=ta ; gn,e=gne : montagne. Ce mot a trois syllabes : la première syl. *mon* est formée d'une artic. monog. et d'un son polyg.; la seconde *ta* est formée d'une artic. et d'un son monog.; et la troisième syl. *gne* est formée d'une art. polyg. et d'un son muet; il est muet parce qu'on le prononce *e :* je ne mets point d'accent dessus.

4ᵉ *élève.* — Railleur. Ra-illeur : r,a=ra ; ill,eur=illeur : railleur. Ce mot a deux syl. : la première *ra* est formée d'une artic. et d'un son monog.; et la seconde d'une artic. polyg. et d'un son polyg. artic.

12. Ecrivez-moi les mots bonjour et bonsoir.

R. Bonjour. Bon-jour : b,on=bon ; j,our=jour : bonjour. — Bonsoir. Bon-soir : b,on=bon ; s,oir=soir : bonsoir. Le premier a deux syl. La première syl. *bon* est formée d'une artic. monogr. et d'un son polyg.; et la seconde *jour* est formée d'une artic. monog. et d'un son polyg. artic.

L'analyse du mot bonsoir est la même.

CINQUIÈME CLASSE.

Articulations et sons composés.

Répéter encore qu'une syllabe, quel que soit le nombre de ses lettres, ne peut avoir plus de deux éléments, et que les sons et les articulations *ia, ien, ieur, ouan, ouin, bl, br, cr*, etc., doivent être regardés comme de simples lettres qu'on nommerait *ia*, *ian*, *ieur*, *bl*, *br*, etc.

Questionnaire (pages de 16 à 20).

* 1. Quels sont les noms en *oin* qui prennent un *u* avant l'*i*?

R. Ce sont les mots babouin, baragouin, bédouin, maringouin, marsouin et sangouin. On écrit indifféremment tintouin ou tintoin. Les autres mots de cette désinence s'écrivent seulement par *oin* : *soin*, *loin*, etc.

2. Qu'appelle-t-on sons composés?

R. Ce sont ceux qui font entendre deux sons distincts.

3. Les sons composés n'ont-ils pas un autre nom?

R. On leur donne encore en grammaire le nom de diphtongue.

* 3. D'où vient ce nom?

R. Il vient de deux mots grecs : *dis* qui signifie deux fois, et de *phthoggos* qui signifie sons (deux sons).

* 4. Faites-nous connaître les sons composés?

R. Les sons composés de notre langue se réduisent à peu près aux suivants : *ia*, *ié*, *iè*, *io*, *iu*, *ua*, *ué*, *ui*, *iai*, *ian*, *ien*, *iéu*, *ion*, *iou*, *uin*, *oui*, *ouâ*, *ouin*, *oin*, *ouan*, *iel*, *ier*, *ieur*, *uir*, *uif*.

5. Quels sons fait entendre le son composé *ian*?

R. Le son de *i* monog. et de *an* polyg.

6. Qu'appelle-t-on artic. composées?

R. On donne ce nom à deux ou trois lettres réunies dont la dernière est presque toujours une liquide, c'est-à-dire un *l* ou un *r*.

7. Pourquoi ces deux lettres sont-elles appelées liquides?

R. Parce qu'elles entraînent avec elles dans la prononciation l'artic. qui les précède (*) *bl*, *cr*, *fr*, etc.

(*) On donne le nom de gutturales ou de palatales aux lettres qui se prononcent du gosier (*q g*). Celui de linguales à celles dont le son ne s'exécute pas vers la pointe de la langue seulement (car ces dernières sont dites dentales ou sifflantes, *s c z ch*). Celles qui se prononcent un peu du nez sont nommées nasales (*m n r*).

8.

8: Combien y a-t-il d'artic. composées dont la dernière lettre n'est ni un *r* ni un *l ?*

R. Les plus usitées se réduisent aux suivantes : *sc, sch, st, sph, sp, squ* et *ps.* Il y en a quelques autres telles que : *sb, sl, sm, sv, cz, ct,* etc., mais elles sont fort peu usitées(*).

9.. Qu'entend-on par les mots monosyllabe, dissyllabe, trissyllabe et polysyllabe ?

R. On donne le nom de monosyllabe à tous les mots qui n'ont qu'une seule syllabe; celui de dissyllabe à ceux qui en ont deux; de trissyllabe à ceux qui en ont trois; et celui de polysyllabe à tous les mots qui ont plus de deux syllabes.

* 10. D'où viennent ces mots ?

R. Le mot dissyllabe vient du latin *dissyllabus,* qui signifie qui a deux syllabes ; et le mot trissyllabe est tiré de deux mots grecs *treis* et *sullabê* qui signifient trois syllabes.

11. Ecrivez-moi oralement les mots : Dieu, pasteur, liste, sucre et fleuriste.

R. Dieu : D,ieu=Dieu. Ce monosyllabe est formé d'une artic. monogr. et d'un son composé.

2e *élève.*—Pasteur. Pa-steur : p,a=pa ; st,eur=steur. Ce mot a deux syllabes : la première syl. *pa* est formée d'une artic. et d'un son monog.; et la seconde *steur* est formée d'une artic. composée et d'un son polyg. artic.

3e *élève.* — Liste. Lis-te : l,is=lis ; t,e=te : liste.

4e *élève.* — Sucre. Su-cre : s,u=su ; cr,e=cre : sucre.

5e *élève.* — Fleuriste. Fleu-ris-te : fl,eu=fleu ; r,is=ris ; t,e=te : fleuriste.

(La maîtresse devra suppléer à l'analyse que nous supprimons ici pour abréger).

Elle devra faire remarquer aux grandes, en leur faisant écrire et décomposer les mots pasteur, liste et fleuriste,

(*) Faire remarquer que ces sortes d'articulations composées sont presque toujours initiales, et dire pourquoi.

que la réunion des lettres *st* ne forme pas toujours une articulation composée : c'est l'oreille seule qui décide.

Répétition générale.

SIXIÈME CLASSE.

Questionnaire (pages de 21 à 28).

Des lettres dont la prononciation varie.

1. Qu'appelle-t-on lettres variables?
R. Celles qui ont plusieurs prononciations.
2. Combien compte-t-on d'artic. monog. variables?
R. On en compte cinq : *c, g, s, t, x.*
3. Dans quelle occasion le *c* est-il variable?
R. Avant l'*e* et l'*i*, alors on le prononce *s* (ceci) (*).
4. Si on voulait donner au *c* la valeur du *s* avant les autres sons que faudrait-il faire?
R. Il faudrait mettre une cédille dessous : *arçon, reçu.*
* 5. Comment dans l'analyse et la dictée orale prononce-t-on ces sortes de lettres?
R. On les prononce avec le son que leur donne la place qu'elles occupent dans le mot; ainsi : les mots *ceci* et *glaçon* se syllaberaient et s'écriraient oralement comme s'ils étaient écrits par un *s* (*sesi, glason*); seulement dans l'analyse on aurait soin de dire, pour le mot *ceci*, par exemple : *ce mot a deux syllabes formées chacune du c variable mis pour s et d'un son monog.* Cette remarque est pour toutes les lettres que nous avons dit avoir deux prononciations.
6. Dans quelle occasion le *g* est-il variable?
R. Il l'est pareillement avant l'*e* et l'*i*; alors on le prononce *j* (orange). (**)

(*) Dire que cette seconde prononciation est dite accidentelle, et la première propre.

(**) Quelques auteurs voudraient que le son qui précède le *g* fût toujours fermé; mais leur sentiment n'est pas généralement approuvé; ainsi on dira bien avec le son fermé : *piége, siége;* mais on ne dirait pas : *collége, solfége,* etc.

7. Et si on voulait lui donner le son de *j* avant l'*a*, l'*o* et l'*u*, que faudrait-il faire?

R. Il faudrait le faire suivre d'un *e* muet (pigeon).

8. Et pour lui rendre avant l'*e* et l'*i* le son qui lui est propre que fait-on?

R. On place un *u* après le *g* (guitare).

9. Dans quelle occasion le *s* est-il variable?

R. Quand il est seul entre deux sons, alors il se prononce *z* (cerise, rose).

10. Et si dans ce cas on voulait le prononcer *s* que faudrait-il faire?

R. Il faudrait le doubler (paresse, poisson).

* 11. Cette règle est-elle sans exception?

R. Le *s*, quoique placé entre deux sons, ne se double pas et néanmoins conserve sa prononciation propre : 1° dans quelques-uns des temps du vieux verbe gésir, qui signifie être couché (gisant, gisait, nous gisons); 2° dans tous les noms qui sont formés de deux mots, comme parasol, tournesol, entresol, présupposer, préséance, désuétude, vraisemblance, monosyllabe, polysyllabe, Melchisédech, resacrer, resaluer, etc.; et cela par raison d'étymologie : c'est comme s'il y avait para-sol, etc. Plusieurs de ces mots s'écrivaient même de la sorte autrefois.

* 12. De quoi est formé le mot parasol?

R. De *para* qui vient du verbe parer (garantir), et de *sol* qui signifie soleil.

* 13. Le *s* n'est-il variable qu'entre deux sons?

R. Le *s*, quoique placé entre une articulation et un son, se prononce cependant *z* :

1° Dans les mots balsamine, balsamique, balsamite, balsamier, Alsace, alsacien, et gentilshommes; et cela pour la douceur de la prononciation.

2° Dans transaction, transiger, transitoire, transitif, intransitif, transition, transalpin et transissement. Mais on prononce avec le son du *s* le mot Transylvanie, transi et transir. Ce sont les seules exceptions.

* 14. Pourquoi le *s* se change-t-il en *z* dans les mots transaction, transiger, etc. ?

R. C'est à cause de la préposition latine dont ils sont formés : c'est comme s'il y avait trans-action, trans-iger, etc. ; le *s* final de la préposition *trans* se prononce avec liaison, c'est-à-dire qu'on le prononce comme si la préposition latine et le mot qui lui est joint formaient deux mots séparés. Ce qui le prouve, c'est que le *s* final de *trans* conserve son son propre dans tous les mots où il n'est pas suivi d'un son : transmettre, translation.

15. Comment écrivez-vous les mots transsuder, transsudation et transsubstantiation ?

R. On les écrit par deux *s*, à cause de la préposition *trans* dont ils sont formés ; mais le *s* de cette dernière ne se prononce pas dans les deux premiers mots, tandis qu'il se fait sentir fortement dans le mot transsubstantiation.

16. Dans quelle occasion le *t* est-il variable ?

R. Avant l'*i* suivi d'un son ; pourvu que ce son ne soit pas un *e* fermé, et que le *t* ne soit pas précédé d'un *s* ou d'un *x*, et alors il se prononce *si*.

* 17. Cette règle est-elle sans exceptions ?

R. Il faut en excepter, pour ce qui regarde l'*e* fermé, le mot satiété et les deux verbes balbutier et initier, dans lesquels le *t* se change en *s*, mais ces trois mots sont les seuls.

* 18. Dans quel cas le *t*, suivi d'un *i*, conserve-t-il devant un autre son sa prononciation propre ?

R. Dans 9 cas :

1° Au commencement des mots : tiare, le tiers.

2° Avant tous les *e* fermés, excepté satiété, balbutier et initier.

3° Devant l'*e* ouvert : pénultième.

4° Après un *s* ou un *x* : question, mixtion.

5° Dans presque tous les noms communs en *ie* : partie et répartie.

6° Dans tous les noms communs en *tien* et en *tienne* (maintien, soutien, antienne).

7° Dans tous les verbes qui sont terminés en *tions,* à la première pers. plur. de l'imparf. de l'indicatif : nous portions, nous intentions ; mais il faudrait dire avec le son accidentel du *t* : nos portions, nos intentions ; parce que ces deux mots sont des substantifs.

8° Dans tout le verbe châtier et dans toutes les personnes des verbes dont la terminaison est en *ienne :* ils obtiennent, qu'il s'abstienne, etc.

9° Enfin après le *s* ou le *x*. Cette règle s'étend même aux noms propres.

* 19. Et dans combien de cas le *t* est-il variable ?

R. Le *t* est variable dans six cas :

1° Dans tous les mots en *ation :* assignation, dissipation, excepté seulement passion et compassion qui prennent deux *s*. (*)

2° Dans tous les adjectifs en *iel,* formés de noms en *anse* ou *ense :* confidentiel. Il n'y a d'exception que pour le mot circonstanciel.

3° Avant les finales *atie, étie* et *itie ;* et dans quelques-uns seulement en *tie,* comme minutie, etc.

4° Dans tous les noms propres en *tie* et en *tien :* Croatie, Gratien (pourvu que le *t* ne soit pas précédé d'un *s* ou d'un *x*).

5° Dans les terminaisons : *tium* (actium), *tius* (Minutius); et dans la plupart des mots qui sont terminés en *tiel, tieux, tion.*

Et 6° enfin dans les trois mots déjà nommés : balbutier, initier, satiété, et dans les mots ; patient et ses dérivés. Ce dernier mot est le seul nom commun en *tient* où l'articulation *t* soit variable, comme les deux verbes que nous venons de nommer sont les seuls qui prennent le *t* accidentel ; tous les autres s'écrivent par un *c* : apprécier, négocier, etc.; mais le *t* conserve son son propre dans les mots centiare, s'étioler.

(*) Aucun nom ne se termine par *avion.*

20. Le *s* placé entre deux sons peut-il toujours remplacer le *z*?

R. Quelques mots exigent impérieusement l'emploi du *z*; ainsi on doit écrire par cette lettre le verbe gazer, à cause du mot gaze dont il est formé; on écrit aussi par *z* les mots gazon, horizon; et ce sont, de tous les mots en *zon*, les seuls qui prennent un *z*.

* 21. Quelle remarque faites-vous sur le *s* doublé?

R. Quand le son qui précède les deux *s* est un *e*, il devient ouvert, mais il ne prend point d'accent.

* 22. Y a-t-il quelques règles pour distinguer les mots qui prennent le *s* doublé au lieu d'un *c* variable?

R. A l'exception de *verglacer*, tous les verbes dérivés des noms en *as* prennent deux *s* : compasser (de compas, etc.).

Il en est de même des verbes en *isser* : plisser, vernisser. Il n'y a d'exception que pour les trois verbes : épicer, policer et s'immiscer. Quant aux noms, tous ceux qui viennent des verbes en *ir* prennent pareillement deux *s*; il n'y a d'exception que pour les mots nourrice, nourricier et service.

Il faut encore écrire par deux *ss* : 1° les adjectifs féminins en *asse* (grasse), en *esse* (expresse), et en *osse* (grosse).

2° Tous les mots auxquels la terminaison *asse* donne une acception peu favorable : hommasse, bonasse, cocasse, molasse, etc.

3° Les mots : bécasse, carcasse, classe, chasse, cuirasse, crevasse, liasse, masse, terrasse, paillasse, et quelques autres.

4° Les mots *esse* : messe, caresse, etc.; excepté espèce, nièce et pièce.

5° Enfin ceux en *osse* : bosse, crosse; excepté, atroce, féroce, négoce, noce, précoce et sacerdoce.

23. Et quels sont les mots en *ce* qui prennent le *c* variable?

R. Il faut écrire par un *c* : 1° les adjectifs des deux genres (vorace, vivace, etc.).

2° Les mots suivants : audace, bonace, dédicace, face, glace, grimace, menace, race, rosace et trace.

3° Les mots en *ice* : appendice, calice, etc ; excepté : coulisse, écrevisse, esquisse, génisse, réglisse et saucisse.

4° Enfin tous les mots en *uce* : comme astuce, puce; excepté : aumusse, Prusse et russe.

* 24. Comment distinguer les mots en *ance* qui prennent un *s* d'avec ceux qui veulent un *c* variable ?

R. A l'exception des six mots : anse, danse, contredanse, ganse, panse et transe; et des cinq autres : défense, dépense, dispense, offense et récompense, tous les autres mots en *anse* et en *ense* (et qui sont au nombre de 250) prennent tous un *c* et non un *s*.

Quant aux verbes, nous n'en avons que deux qui soient terminés par *anser* : ce sont les verbes danser et panser (panser une plaie); et, parmi les verbes usités, il y en a neuf en *enser* : condenser, compenser, dépenser, dispenser, encenser, offenser, penser (réfléchir), recenser et récompenser. A l'exception de ces onze verbes, tous les autres de ces deux terminaisons prennent un *c* et non un *s*.

* 25. Comment distinguer les mots en *cion* qui prennent un *s* ou deux *s*, d'avec ceux qui s'écrivent par un *t*?

R. On doit écrire par deux *s* tous les mots qui sont terminés par *ession, ission, mission* et *cussion* : confession, commission, discussion, etc.; et par un seul *s* tous les mots en *sion* où cette finale est précédée d'un *l* ou d'un *r* : répulsion, reversion, etc. Il n'y a d'exception que pour assertion, désertion, insertion, portion et disproportion. Et on écrit par *tion* la plupart des mots où cette finale est précédée de l'une des lettres suivantes : *a, i, o, u, c* et *p*. — Les mots annexion, complexion, connexion, flexion, fluxion, et leurs dérivés, génuflexion, inflexion et réflexion, sont les seuls mots qui s'écrivent par *xion*.

* 26. Et comment pouvoir distinguer dans les mots en *tieux, tiel* et d'autres semblables ceux qui veulent un *t* d'avec ceux qui prennent un *c* variable?

R. Dans tous les adjectifs en *tiel*, formés de noms terminés par *ance* ou par *ense*, le *c* du nom se change en *t*, excepté circonstanciel.

Les adjectifs en *ieux*, au contraire, gardent le *c* du nom dont ils sont formés : licencieuse, consciencieuse, etc. (qui viennent de licence, conscience).

Tous les adjectifs en *ciable* prennent un *c*, à l'exception du seul mot insatiable ; et tous les mots en *acion* au contraire prennent un *t*, excepté passion et compassion.

27. Combien l'articulation *x* a-t-elle de prononciations différentes.

R. Elle en a cinq, car elle équivaut à *c*, *cs*, *gz*, *ss* et *s*.

* 28. Dans quelle occasion le *x* équivaut-il à l'articulation du *c* ?

R. Toutes les fois qu'il en est suivi ; pourvu que ce *c* soit lui-même suivi d'un *e* ou d'un *i* : exciter, excepté. (*)

* 29. Dans quel cas le *x* équivaut-il à *cs* ?

R. Le *x* équivaut à *cs* (qui est son son primitif) : 1° au commencement d'un petit nombre de noms propres empruntés de langues étrangères et peu usités ; 2° dans le corps du mot entre deux sons, pourvu que le premier de ces sons ne soit pas un *e* ; il faut cependant excepter de cette règle les mots : Bruxelles, Auxerre, Auxonne, soixante, sixaine, sixième, dixième et deuxième ; 3° avant le *c* variable suivi de tout autre son que de l'*e* ou de l'*i* : excuse, etc., et pourvu aussi qu'il ne soit pas suivi d'un *h* ; 4° à la fin de quelques noms propres : Aix-la-Chapelle, Palafox et Styx ; 5° à la fin des noms suivants : borax, index, lynx, sphynx, préfix, phénix, larynx, onyx, silex, Ajax, etc.

* 30. Dans quelles circonstances le *x* remplace-t-il *gz* ?

R. Le *x* tient la place de *gz* : 1° dans quelques noms propres étrangers devenus familiers à notre langue : Xavier,

(*) Dire que l'*e* qui précède le *x* est ouvert, mais ne prend pas d'accent.

Xénophon, le Xante, Xantippe, Xercès; 2° après un *e* suivi d'un autre son, quand bien même ce second son serait précédé d'un *h* : exactitude, exhausser, exhaler, etc.

* 31. Quand est-ce que le *x* équivaut à deux *s*?

R. Le *x* équivaut à deux *s* dans soixante et ses dérivés, dans Bruxelles, Auxonne, Auxerre, Auxois et Auxerrois. (*)

Le *x* équivaut à un seul *s* dans les mots Aix en Provence, et dans les mots six et dix employés seuls.

* 32. Dans quelles occasions le *x* est-il mis pour *z*?

R. Dans les mots dixième, deuxième, sixaine, sixième, et leurs dérivés.

33. Ecrivez-moi oralement les mots cerise, façon, gage, pigeon, paresse et action.

R. 1ʳᵉ *élève*.—Cerise. Ce-ri-ze : s,e=ce; r,i=ri ; z,e=se : cerise.

Ce mot a trois syllabes : la première syl. *ce* est formée d'un *c* variable mis pour *s* et d'un son muet; la deuxième syl. *ri* est formée d'une articulation et d'un son monogr.; et la troisième syl. *ze* est formée de *s* mis pour *z* ou du *s* variable et d'un son muet (dire pourquoi le *c* et le *s* sont ici variables).

2ᵉ *élève*. — Façon. Fa-son : f,a=fa; s,on=çon : façon.

Ce mot a deux syllabes : la première syl. *fa* est formée d'une articulation et d'un son monogramme ; et la seconde *son* est formée du *ç* cédille et d'un son polygramme.

34. Qu'est-ce qu'un *ç* cédille?

R. C'est le *c* mis pour *s* avant l'*a*, l'*o* et l'*u*.

3ᵉ *élève*.—Gage. Ga-je : g,a=ga; j,e=je : gage. Ce mot a deux syl. La première syl. *ga* est formée d'une artic. et d'un son monog.; et la seconde *ge* est formée du *g* variable et d'un son muet.

4ᵉ *élève*.—Pigeon. Pi-jon : p,i=pi; j,eon=geon : pigeon.

(*) Nous prononçons ces mots à la façon des Italiens qui, n'ayant pas de *x* dans leur alphabet, le remplacent par deux *s*.

Ce mot a deux syl. : la première *pi* est formée d'une artic. et d'un son monog.; et la seconde *geon* est formée du *g* variable et d'un son polyg. précédé d'une lettre nulle. (*)

5ᵉ *élève*.—Paresse. Pa-re-sse : p,a=pa; r,e=rè; ss,e=sse : paresse.

Ce mot a deux syllabes : la première syl. *pa* est formée d'une artic. et d'un son monog.; la deuxième *rè* est formée d'une artic. monog. et d'un son ouvert pour lequel le *s* doublé tient lieu d'accent; et la troisième *sse* est formée d'un *s* doublé et d'un son muet.

6ᵉ *élève*. — Action. Ac-cion : ac; c,ion=cion : action.

Ce mot a deux syll. : la première syl. *ac* est formée d'un son monog. artic.; et la seconde *cion* est formée du *t* variable et d'un son composé. (Dire pourquoi le *t* est ici variable).

SUITE DE LA SIXIÈME CLASSE. — SECONDE PARTIE DE CETTE CLASSE.

Sons et articulations synonymes.

Questionnaire (pages de 28 à 39).

1. Qu'est-ce qu'on entend par sons et par articulations synonymes?

R. On appelle ainsi la réunion de plusieurs lettres qui équivalent à un seul son ou à une seule articulation.

2. Combien compte-t-on de sons synonymes?

R. On en compte huit, dont quatre équivalent à des sons monog. et les quatre autres à des sons polyg.

(*) Tous les mots dont la finale est *je* (cage) prennent un *g* et non un *j* : il n'y a d'exception que pour le pronom *je*.

Le *j* ne s'emploie avant l'*i* que par élision : j'irai; il ne s'emploie pas non plus avant le son polyg. *on*, à l'exception de trois mots : bijon, donjon, goujon; le mot jonc prenant un *c* final fait exception à la règle. Je dis donc qu'à l'exception des mots : bijon, donjon, goujon et jonc, tous les autres mots de cette terminaison s'écrivent par *geon* : plongeon.

3. Quels sont les quatre sons synonymes qui équivalent à des sons monogr.?

R. Ce sont les sons *ai* et *ei* qui remplacent l'*e* ouvert; *au* qui remplace l'*ô* circonflexe; et l'*y* qui équivaut à deux *i*.

* 4. Dans quelle circonstance l'*y* s'emploie-t-il pour deux *i*?

R. Dans une seule circonstance : dans le corps du mot, entre deux sons, ou entre un son et une articulation : paysage, rayon.

* 5. Et pourquoi remplace-t-on dans certains mots l'*i* simple par l'*y*?

R. C'est par raison d'étymologie. (Faire comprendre ce mot.) (*)

* 6. Que faut-il éviter par rapport à l'emploi de l'*y*?

R. Il faut éviter de le confondre avec l'*i* tréma ; car c'est une faute que d'écrire avec l'*y* les mots : Moïse, glaïeul, naïade, etc.

Cependant l'usage prévaut encore contre la règle pour quelques noms propres; comme Bayonne, Mayence, Mayenne, etc., qu'il serait mieux d'écrire Baïonne, Maïence, etc.

* 6. Qu'est-ce donc que le tréma?

R. C'est un double point (¨) que l'on met sur les deux sons monog. *i* et *u*, pour les faire prononcer séparément du son qui les précède, et alors ces deux sons sont dits *i* ou *ü* tréma.

* 7. Pourquoi le tréma ne se place-t-il que sur ces deux sons?

R. Parce qu'on ne doit en faire usage que lorsqu'on ne

___

(*) Dire : 1° qu'on ne met jamais d'*y* avant le *p* doublé; qu'ainsi il faut écrire Hippolyte et non Hyppolite; 2° que la plupart des mots où l'on voit l'*y* ou l'*i* synonyme nous viennent des Grecs qui les écrivent non par un *y*, car la langue grecque n'a point d'*i*, mais par un *u*; ainsi, si l'on voulait parler plus exactement, l'*y* synonyme se nommerait l'*u* grec, l'*u* des Grecs.

peut pas le remplacer par un accent (c'est pour cela qu'on ne doit jamais mettre de tréma sur l'*e*). (*)

* 8. Quels sont les noms qui prennent le son synonyme *ai*?

R. Ce sont : 1° tous les noms de nombre collectifs : une sixaine, une trentaine, etc.; 2° tous les adjectifs dont le son final est *ère*, excepté austère, colère, éphémère, prospère, sévère, sincère, et quelques autres mots peu usités; excepté aussi ceux qui sont composés de fère : vénifère, célérifère, etc.

* 9. Quels sont les quatre sons synonymes qui équivalent à des sons synonymes polygrammes?

R. C'est d'abord l'*e* muet suivi d'un *m* ou d'un *n* qui équivaut à *an;* et les trois autres sons *im, om* et *am* qui équivalent aux sons polyg. *in, on* et *an.*

* 10. Combien y a-t-il de sons monogr. variables?

R. Un seul, l'*e* muet qui, suivi d'un *m* ou d'un *n*, remplace l'*a* et forme avec lui un son synonyme.

* 11. Que faut-il pour que l'*e* suivi d'un *n* équivale au son *an* ?

R. Il faut qu'il ne soit pas précédé d'un *i*, comme il l'est dans le son composé *ien*, dans lequel cependant il remplace quelquefois l'*a*, comme dans patient, client, ingrédient.

12. Quels sont les mots qu'on doit écrire par *en* synonyme?

R. Ce sont : 1° tous ceux qui sont formés au moyen de la préposition *en* : engagé, encaissé, engraissé, encavé, etc.

2° Tous ceux ou *en* initial se trouve suivi d'une des artic. *j, n, v, l, r, q* et *f :* ennuyé, envahi, etc.; il faut en excepter : anfractueux, anfractuosité.

3° Tous ceux aussi où *en* est suivi d'un *g*, pourvu que de

(*) C'est donc une faute d'écrire poële, Noël, avec le tréma; le premier de ces mots prend l'accent grave, et le second n'en prend point, parce que c'est un son articulé. Il en est de même des mots moelle, poêle et coiffe, qu'on écrivait autrefois : moëlle, poële et coëffe.

ce mot on puisse former un verbe : engagement, engeance, etc.; il n'y a d'exception que pour anglaiser et ses dérivés.

4° Ceux encore dans lesquels le son initial *en* est suivi d'un *d* qui se trouve lui-même suivi d'un des quatre sons monogr. *e, i, o, u* : endetter, endimancher, endoctriner, enduire. Il n'y a d'exception que pour Ande (montagne) et pour andouille.

5° Tous les mots en *ention* et *ension* : attention, dimension : il faut en excepter expansion.

6° Tous ceux ou *en* est suivi de l'artic. *tr* : entraver, entraîner, excepté antre (caverne).

7° Tous les verbes dont la terminaison est en *andre* : vendre, prendre; excepté : épandre et répandre.

8° Enfin on écrit encore par *en* synonyme les mots où *en* se trouve suivi d'un *c* ou d'un *s* : encore, enseigné, etc.; excepté : ancêtre, anche, anchois, ancien, ancre, anse, et quelques autres mots peu usités.

13° Et dans quels cas doit-on faire usage de *an* polygr. ?

R. On doit en faire usage : 1° devant *ti* : antique, antidote; il n'y a d'exception que pour les mots : entier, enticher et leurs dérivés.

2° Dans le corps du mot avant *g* : sang, rang; excepté vengé.

3° Avant et après l'artic. *ch* : changer, manchon; excepté hareng, pervenche, penché, et leurs dérivés.

4° Dans les syllabes *ban, fan* et *phan* (bande, fange, éléphant); il faut en excepter les mots : prébende, térébenthine, fendre, défendre, offense, et leurs dérivés.

Nota. Tous les noms qui dérivent d'un adjectif en *ant*, comme (constance), en conservent l'*a*, et ceux qui dérivent d'un adjectif en *ent* en conservent l'*e*; il faut en excepter les mots exigence et existence qui prennent un *e*, quoiqu'ils viennent des adjectifs exigeant et existant.

14. Combien avons-nous d'articulations synonymes ?

R. Quatre, qui sont : *ph, ch, qu* et *il, l* et *ll* mis pour *ill.*

* 15. Quand faut-il faire usage de *ph* ?

R. A l'exception des mots : agrafe, carafe, girafe, gaffe et naffe (eau de naffe), tous les autres mots de cette désinence s'écrivent par *ph*. Paraphe s'écrit indifféremment par *ph* ou par *f*.

* 16. Quels sont donc les mots qu'il faut écrire par *ph*?

R. Tous ceux qui nous viennent de l'hébreu ou du grec. (*)

* 17. Par quoi peut être représentée l'artic. polyg. *ill*?

R. Cette artic. est représentée, tantôt par un seul *l*, comme dans péril, gentil, soleil, réveil, etc.; tantôt par *il* : portail, travail ; et tantôt enfin par deux *ll* seulement, ce qui arrive : 1º dans tous les noms féminins en *eille* : groseille, bouteille.

2º Dans les noms féminins où l'*i* de l'artic. *ill* n'est pas précédé d'un autre son : fille, quille; car alors cet *i* cesse d'appartenir au *ill*.

* 18. Quelle remarque faites-vous sur l'artic. *ill*?

R. Il faut remarquer : 1º qu'à l'exception des deux mots chèvrefeuille et portefeuille, qui s'écrivaient autrefois en deux mots, tous les autres mots masculins de cette désinence s'écrivent par *l* ou par *il* synonyme.

2º Que l'articulation *ill* ne veut point d'*i* après elle, excepté à la première et à la seconde personne plurielle de l'imparfait de l'indicatif et du présent du subjonctif de certains verbes : nous *cueillions autrefois*. Il faut que nous *cueillions aujourd'hui*.

* 19. Et comment distinguer les mots qui veulent l'artic. *ill* d'avec ceux qui s'écrivent par *l* monog. suivi de l'*i*?

R. Les mots qui s'écrivent par *l* monog. suivi d'un *i* sont : conciliant, humiliant, bilieux, — allier, mésallier, rallier,

---

(*) Mais cette règle laisse à désirer pour l'exactitude, puisque les mots fée, front, fanal, flegme, et plus d'une soixantaine d'autres, qui nous viennent également du grec, s'écrivent par *f*. On écrit par *f* ceux dont l'usage est plus commun.

pallier,—concilier, réconcilier,—se domicilier, humilier et résilier ; à l'exception de ces mots tous les autres s'écrivent par *ill* polyg., et par conséquent ne prennent pas d'*i* après le *ill*.

* 20. Combien le *q* composé a-t-il de prononciations ?

R. Le *q* composé a trois prononciations, car il a d'abord celle du *k*, et c'est la plus générale ; et ensuite celle de *kou* et de *kui*, dans certains mots que l'on prononce comme dans le latin. Ces deux dernières prononciations se trouvent réunies dans les mots Quinquagésime, quinquagénaire.

* 21. Y a-t-il quelques règles pour l'emploi du *q* (composé) ?

R. On écrit par *qu* tous les adjectifs masculins en *ique*, excepté public ; et on écrit au contraire par un *c* tous les noms en *cation*, excepté équation, et tous les adjectifs dérivés des verbes en *quer*, vacante de vaquer, explicable d'expliquer, etc.

Les seules exceptions à cette règle sont : choquant, croquant, marquant, — critiquable, attaquable, immanquable, remarquable et risquable.

* 22. Que remarquez-vous sur l'emploi du *k* simple invariable ?

R. Il ne s'emploie guère que dans les mots : kague, kali, kan, kilo, kyrie, kyrielle, et dans quelques autres qui nous viennent des langues du Nord ou de l'Orient, ainsi que dans quelques mots bretons ; car le *k* ne se trouve point dans le latin.

* 23. Quelle est la prononciation de *ch* synonyme ?

R. La prononciation de *ch* synonyme équivaut à celle du *k*.

* 24. Et dans quelles occasions l'articulation *ch* se change-t-elle en *k* ?

R. Dans certains mots étrangers que l'usage n'a pas encore francisés, principalement dans ceux qui nous viennent du grec et de l'arabe.

* 25. Comment prononcez-vous les mots Achéloüs, Achmet, exarchat, patriarchat et chaos?

R. On les prononce avec le son du *k*.

* 26. Comment prononcez-vous les mots archevêque et archiépiscopal?

R. Le premier se prononce à la française; mais dans le second le *ch* se change en *k*.

* 27. Et comment prononce-t-on les mots : Ezéchias, Melchisedec, Michol et Achéron?

R. On peut les prononcer *k* ou *ch*, mais la première prononciation est préférable, parce qu'elle est plus rationnelle.

28. Ecrivez-moi les mots peine, laine, autre et enfance.

1re *élève.* — Pei-ne : p,ei=pè ; n,e=ne : peine.

Ce mot a deux syll. : la première syll. *pei* est formée d'une artic. monog. et du son synon. *ei* représenté par *e i.*

2e *élève.* — Lai-ne : l,ai=lè ; n,e=ne : laine.

Ce mot a deux syl. : la première syl. *lai* est formée d'une artic. monog. et du son synon. *ai* représenté par *a i.*

3e *élève.* — Au-tre : ô;tr,e=tre : autre.

Ce mot a deux syl. : la première syl. est formée du son synon. *au* qui équivaut toujours à ô circonflexe; et la seconde syl. *tre* est formée d'une artic. composée et d'un son muet.

4e *élève.* — Enfance. En-fan-ce : en;f,an=fan ; s,e=se : enfance.

Ce mot a trois syl. : la première syl. *en* est formée de *en* synon.; la deuxième syl. *fan* est formée d'une artic. monog. et de *an* polyg.; et la troisième *ce* est formée du *c* variable mis pour *s* et d'un son muet.

28. Ecrivez-moi les mots : philosophe, groseille, cerfeuil et chrétien.

R. 1re *élève.* — Fi-lo-so-fe : f,i=fi; l,o=lo; z,o=zo; f,e=fe : philosophe.

Ce mot a quatre syl. : la première et la dernière sont formées chacune d'un *ph* (synon.) et d'un son monog. Le son de la dernière est muet.

2ᵉ *élève*. — Gro-zei-lle : gr,o=gro ; z,ei=zei ; ll,e=lle : groseille.

Ce mot a trois syl. La première syl. *gro* est formée d'une artic. composée et d'un son monog.; la deuxième syl. *zei* est formée d'un *s* variable et de *ei* synon. représenté par *e i*; et la troisième syl. *lle* est formée de l'artic. syn. *ll* (représentée par deux l) et d'un son muet.

3ᵉ *élève*. — Cer-feuil : s,er=ser; f,euil=feuil : cerfeuil.

Ce mot a deux syl. : la première syl. *cer* est formée de *c* variable mis pour *s* et d'un son monagr. artic.; et la seconde syl. *feuil* est formée d'une artic. monog. et d'un son polyg. artic. par *il* synonyme représenté par *i l*.

4ᵉ *élève*. — Chré-tien : cr,é=cré ; t,ien=tien : chrétien.

Ce mot a deux syl. : la première syl. *chré* est formée d'une artic. composée représentée par *ch* synonyme; la seconde *tien* est formée d'une artic. monog. et d'un son composé.

Répétition générale.

SEPTIÈME CLASSE.

Lettres nulles.

Questionnaire (pages de 39 à 44).

1. Qu'entend-t-on par lettres nulles ?

R. Ce sont celles qui ne se prononcent pas.

* 2. Combien y a-t-il de mots qui commencent par *ain* ?

R. Un seul : c'est le mot *ainsi*.

* 3. Et combien avons-nous de verbes qui s'écrivent par *ein* ?

R. Tous les verbes dont la terminaison fait entendre la finale *indre*, ainsi que tous les mots qui dérivent de ces verbes : atteindre, atteinte, feindre, feinte, etc. Il n'y a d'exception que pour les cinq verbes : craindre, contraindre, plaindre, vaincre et convaincre, et les dérivés.

Le verbe *éreinter* qui vient du mot *reins* s'écrit pareillement par *ein*.

*4. Quels sont les noms en *au* qui prennent un *e* avant l'*a* ?

R. Tous ceux dont le singulier est en *au* et non en *al*; et le nombre de ces mots va à près de 250.

Il faut néanmoins en excepter : 1° les mots où le son syn. *au* est précédé d'un autre son : aloyau, boyau, fabliau, préau, fléau, gluau, gruau, hoyau, joyau, noyau, tuyau, et quelques autres mots peu usités ; 2° les cinq mots étau, pilau, landau, sarrau, unau et esquimaux, qui ne prennent point d'*e* avant *au*.

* 5. Faites-nous connaître les noms féminins qui prennent un *e* muet final ?

R. Ce sont tous ceux qui finissent : 1° par *ie* (la vie) ; excepté : la merci, houri, souris, brebis, fourmi, la vis, perdrix, nuit, Alody, Noémi, et quelques autres noms propres de femme ; 2° par *ue* (la vue), à l'exception des quatre mots : bru, glu, tribu et vertu ; 3° par *aie*, excepté : paix ; 4° par *cue* : cette règle est sans exception ; 5° par *oué*, excepté : toux (rhume) ; 6° par *oie*, excepté : la foi, croix, noix, une fois, poix (la), la voix (parole), loi et paroi ; 7° par *ée* (journée), pourvu qu'ils ne soient pas terminés en *té* ou en *tié* comme charité (*); le mot clef est le seul mot excepté de cette règle (**); 8° enfin on écrit aussi par un *e* muet final les mots en *té* ou en *tié* qui viennent des verbes ou qui expriment une idée de contenance ou d'étendue : *dictée*, *assiétée*, etc. Les mots : édentée, futée, la pâtée, prennent aussi un *e* muet final.

* 6. Avons-nous des noms masculins en *i* qui prennent un *e* muet final ?

(*) Les noms fém. en *té* ne prennent point d'*e* muet final quand ils répondent à un adjectif ; comme bonté qui répond à bon, etc.

(**) Quelques auteurs écrivent *clé*.

R. Nous en avons treize ; ce sont les mots : aphélie, amphibie, amnistie, Argovie, génie, gobie, impie, incendie, le Messie, parapluie, périhélie, sosie et scolie. (*)

* 7. Et parmi les noms masculins en *é*, en avons-nous quelques-uns qui prennent deux *e* ?

R Il y en a plusieurs ; ce sont les mots : agrée, athée, athénée, apogée, Béhrée, Borée, caducée, camée, coryphée, Elysée, Empyrée, hyperborée, hypogée, lycée, mausolée, musée, périgée, protée, pygmée, trophée, trochée, scarabée, spondée, — Zuiderzée, Egée, Enée, Machabée, Morphée, Pompée, Irénée, et quelques autres noms propres.

* 8. Combien avons-nous de noms féminins qui ont pour final le son composé *tié* ?

R. Trois seulement sont terminés en *tié*; ce sont les mots amitié, moitié et pitié ; et plus de quatre cents sont terminés en *té* : bonté, propreté, etc.

* 9. Et combien compte-t-on de noms masculins en *ie* ?

R. A l'exception des trois mots que nous venons de citer : amitié, moitié et pitié, tous les autres noms en *ié* sont tous du genre masculin et prennent à la fin un *r* final qui tient lieu d'accent : poirier, grenier, bénitier, rosier, etc. Il n'y a d'exception que pour le mot pied qui prend un *d* final et non un *r*.

10. Que remarquez-vous sur l'*o* et l'*é* liés : *œ* ?

R. Le premier son est tout-à-fait nul, l'*e* seul se fait entendre.

11. Quelle est la fonction de l'*u* qui se trouve dans les mots langue, guide, etc.?

R. Il sert à conserver au *g* la prononciation qui lui est propre.

(*) Répéter encore que l'*e* muet final rend la dernière ou l'avant-dernière syllabe longue : *vue, journée,* etc.

De l'h *et des articulations nulles.*

1. Combien y a-t-il de sortes d'*h*?

R. Il y en a de deux sortes : l'*h* muet et l'*h* aspiré, etc.

* 2. A quoi sert l'*h* muet ?

R. Il sert à marquer l'étymologie ; il suit de là que c'est mal écrire le mot exorbitant que de l'écrire par un *h*; puisque le mot latin dont il est formé n'en prend point.

3. Qu'y a-t-il à remarquer sur l'emploi de l'*h* aspiré?

R. Il faut remarquer que cet *h* ne veut ni élision ni liaison.

* 4. Y a-t-il quelques règles pour distinguer ces deux sortes de *h*?

R. Nous n'en avons point d'autres que l'usage, cependant on peut établir comme règles : 1° que l'*h* est muet dans tous les mots qui commencent par *habi, hos* et *hy*; cette règle est sans exception ; 2° qu'il est au contraire toujours aspiré dans ceux qui commencent par *hou*; 3° que dans Henri et ses dérivés, il n'est aspiré que dans le discours soutenu ; il faut en excepter le mot Henriade ; 4° que lorsque l'*h* est aspiré dans un mot, il l'est pareillement dans tous ceux qui en dérivent ; il n'y a d'exception que pour les dérivés de héros et pour les mots exhausser, dix-huit et vingt-huit; 5° que l'*h* est ordinairement aspiré lorsqu'il se trouve au milieu d'un mot entre deux sons : cohue, cohérent (il remplace alors le tréma) ; 6° enfin que l'*h* est presque toujours aspiré dans les noms de pays et de villes ; on dit cependant sans aspiration : toile et fromage d'Hollande, parce qu'un fréquent usage a fait disparaître cette aspiration.

* 5. Et n'y a-t-il que les mots qui commencent par l'*h* aspiré qui rejettent et l'élision et la liaison?

R. Les mots : onze, onzième, huit, oui, ouate, et plusieurs mots étrangers à notre langue, tels que : yole, yucca,

9.

etc., les rejettent également : le huit, le onze, le onzième, etc. (*)

D. Comment l'*h* aspiré doit-il être considéré ?

R. Comme un accent.

D. Et l'*h* muet ?

R. Comme une lettre purement étymologique.

Articulations doubles.

B.

Le *b* ne se double que dans : abbé, gibbon, rabbin, sabbat, et les dérivés.

C.

Le *c* se double : 1° dans tous les mots qui commencent par *ac*, *oc*, *uc* et *suc*.

Excepté : acacia, acabit, académie, acajou, achanthe, acariâtre, acolyte, — sucre, sucer, — Océan, ocelot, ocre, oculaire, oculiste, et les dérivés; ainsi que dans ceux où la prononciation fait comprendre qu'il ne faut qu'un seul *c* : acerbe, acide, etc.

2° Le *c* se double encore dans presque tous les mots qui commencent par *bac* et par *ec*.

* 6. Que remarquez-vous sur le *c* doublé ou suivi de *q* ?

R. Suivis des sons *e* ou *i*, les deux *c* se font sentir; mais suivi d'un *q* (composé), le *c* (simple) est tout-à-fait nul : acquérir.

D.

Le *d* ne se double que dans : addition, adduction, reddition, et les dérivés.

(*) Mais dans la conversation on dit bien : l'onzième. On dit aussi sans liaison : sur les une heure.

F.

* 7. Dans quelle occasion double-t-on le *f*?

R. On le double dans tous les mots qui commencent : 1° par *dif*; 2° par *of*; 3° par *suf*; 4° par *souf*, excepté souffre et les dérivés; 5° par *af*, excepté afre, afin, Afrique, afourager, et les dérivés; 6° par *ef*, excepté : éfaufiler et éfourceau ; et 7° par *bouf*.

* 8. Quels sont les mots qui doublent l'*f* médial?

R. Ce sont d'abord tous les mots en *fer :* biffer, greffer, etc.; il se double aussi dans : bouffi, bouffon, boursouflé, buffet, buffle, chiffre, chiffon, coffre, chauffer, ébouriffé, greffier, gouffre, griffonner, raffiner, raffoler, siffler, taffetas, touffu et les dérivés. (*)

* 9. Et quels sont les mots qui doublent l'*f* final?

R. A l'exception de quelques mots peu usités, l'*f* final ne se double que dans les mots : étoffe, griffe, gaffe, greffe, touffe, naffe et truffe.

G.

* 10. Quels sont les mots qui doublent le *g*?

R. Les deux *g* ne sont de rigueur que dans les mots agglutiner et suggérer, et les dérivés ; car agglomérer et aggraver peuvent s'écrire par un seul *g*. Les deux *g* se font sentir dans suggérer et suggestion, parce qu'ils sont suivis d'un *e*.

L.

* 11. Quels sont les mots qui veulent deux *l*?

R. L'articulation *l* se double : 1° dans la plupart des mots

(*) On ne double jamais l'*f* dans les mots qui commencent par *def* ou par *ref*, parce que dans ces deux cas il est toujours suivi d'un *e* muet ou d'un *e* fermé, et que ni l'un ni l'autre de ces sons n'admettent une articulation double.

qui commencent par *al*, excepté : alors, alouette, aloi, aloès, alité, alinéa, alimenter, aligner, aliéner, Alicante, alèze, Alexandre, alerte, alentour, alarme, alambique, les dérivés et quelques mots peu usités.

2° Dans ceux qui commencent par *col*; excepté : colique, colifichet, un col, colère, colombe, colon, colonel, colonie, colonne, colorer, colorier et colure.

3° Dans ceux en *il*; excepté : îlot, ilote, ilotisme et île.

Les deux *l* se font toujours entendre dans les mots qui commencent par *il*, ainsi que dans Sully et Scylla. (*)

Le *l* final se double : 1° dans les mots balle, dalle, la halle, une malle, un intervalle, je déballe, j'installe, j'intercalle, une salle, et ce sont les seuls mots en *ale* qui prennent deux *l*.

2° Dans la plupart des mots féminins qui finissent par *ele*; excepté : Cybèle, clientèle, Philomèle, grêle; et pour le masculin : parallèle, fidèle, modèle, érysipèle et zèle.

Le *l* est simple dans tous les mots qui commencent par *ele, élé, elec, éli, éla, élo, élu*; excepté : elle, ellébore et ellipse. Enfin les verbes en *uler* ne doublent jamais le *l*, à l'exception d'annuller, qu'on écrit aussi annuler. (**)

M.

* 12. Dans quel cas faut-il doubler l'*m* ?

R. On le double dans tous les mots qui commencent par *com* et par *im*, suivis d'un autre son; il n'y a d'exception que pour comité, comique, comète, comédie, comestible, coma, — image, imagination, imiter et les dérivés.

(*) Les deux articulations se font ordinairement sentir dans les noms propres.

(**) Dire que le mot milliard prend deux *l*, et que c'est le seul mot en *llard* qui prend un *i* et deux *l* simples, tous les autres prenant *ill* (polyg.).

L'articulation *m* se double encore : 1° dans les mots en *gram* : grammaire; 2° dans les verbes en *omer* : nommer, consommer, et dans accommoder, endommager, et les dérivés.

3° Dans beaucoup de noms dont la terminaison ou la médiale est en *ome* : gomme, pomme, somme, etc.; 4° dans les adverbes formés d'adjectifs terminés au masculin par *ant* ou *ent*; il n'y a d'exception que pour les deux adverbes : lentement et présentement.

L'articulation *m* est toujours simple : 1° après les sons *u*, *ai* et *au*, aumône; 2° dans tous les mots qui commencent par *am*, excepté quelques termes d'histoire naturelle (ammoniac).

Le *m* doublé se fait sentir : 1° dans tous les mots qui commencent par *imm*, immense; 2° dans les mots Emmanuel, ammoniac, Ammon et dans quelques autres d'histoire naturelle.

N.

13. Quels sont les mots qui doublent le *n*?

R. Le *n* se double : 1° dans le mot paysanne; 2° dans le féminin des adjectifs en *ien*; 3° dans les dérivés des mots en *on* (sonneur, de son, etc.); excepté bonifié, colonie, donation, intonation, national, et quelques autres que la prononciation fait assez connaître; 4° dans le féminin des adjectifs en *on*, bonne; excepté mignone et moutone.

5° Dans toutes les personnes des verbes de la première conjugaison dont la finale est *one*, je festonne, je frissonne; et dans tous les infinitifs en *ner* : donner, tonner; excepté prôner, détrôner, à cause de l'ô circonflexe.

6° Dans les verbes prendre, tenir, venir, et leurs composés, lorsque la conjugaison amène le son d'un *e* muet après le *n* : que je prenne, qu'il tienne, qu'il vienne; 7° après toutes les syl. *an* et *con*, quand elles commencent le mot; excepté cône et ses dérivés.

8° Enfin, il faut écrire par deux *n* les mots honnête, hon
neur, monnaie, etc.

Le *n* est simple : 1° dans tous les mots en *an*, except
année, anneau, annuler, annoncer, et les dérivés.

2° Dans ceux en *in*, excepté innocence, innombrable, in
navigable, inné, innover (les deux *n* se font sentir dans le
trois derniers mots).

3° Dans les adjectifs en *ane*, excepté paysanne.

4° Dans tous les noms de cette désinence; excepté
banne, canne (bâton), dame-jeanne, panne, manne, pay
sanne et rouanne.

5° Enfin, le *n* est simple dans tous les mots en *ine* : ra
cine. Cette règle est sans exception. Les deux *n* se font toujours sentir dans les noms propres. (*)

P.

* 14. Quels sont les mots qui prennent deux *p* ?

R. Ce sont ceux qui commencent : 1° par *hip*, sans exception ; 2° par *houp*, l'interjection houp exceptée ; 3° par
hup ; 4° par *sup*, suivi de l'une des lettres *r, l, o, u*, excepté
suprême, suprématie ; 5° par *ap*, excepté : apaisé, apanage,
apathie, après, apercevoir, Apennin, aplanir, aplatir, apo-
plexie, apostasie, apôtre, apostrophe, âpre, apte, apologue,
apéritif, les dérivés et quelques autres mots moins usités;
par *op* suivi d'une des deux lettres *r* ou *o* : opprobre, etc.,
excepté opobalsamum. Le *p* est simple dans tous les mots
qui commencent : 1° par *super;* 2° par *op* suivi des sons *a,
e, i, u* (mais suivi d'un *o* ou d'un *r*, l'initial *op* veut deux *p*);
3° dans les noms en *oupe*, excepté houppe ; 4° dans les verbes en *ouper*, excepté houpper ; 5° dans les substantifs qui
finissent en *ape*, excepté les mots grappe, happe, nappe et
trappe; 6° enfin, le *p* ne se double jamais après l'*y* ni après
l'initiale *apo*.

Q.

Au lieu d'un second *q*, on écrit par *cq* les verbes acqué-rir, acquiescer, acquitter, et leurs dérivés ; ces mots sont les seuls.

R.

*15. Quels sont les mots qui doublent le *r* ?

R. On double le *r* dans tous les mots qui commencent :

1° Par *ir*, excepté irascible, ironie et iris.

2° Par *cor* suivi d'un son, excepté corail, coriace, co-riandre, corolle, coryphée, et quelques termes peu connus.

3° Par *ar*, excepté are, arène, aréole, arête, aride, aris-tocrate, arôme, leurs dérivés et quelques autres mots peu usités.

4° On double encore le *r* au futur et au conditionnel des verbes courir, mourir, envoyer, pouvoir, voir, acquérir, et les dérivés.

5° Enfin, on doit aussi écrire par deux *r* les mots arrhes, charrue, courroux, perroquet, torrent, etc.

L'initiale *or* repousse les deux *r*.

NOTA. Les deux *r* se font sentir : 1° dans les mots : er-reur, errer, errata, erroné, abhorrer, interrègne ; 2° dans tous ceux qui commencent par *ir*.

SS.

*16. Quels sont les mots qui demandent deux *s* ?

R. Ce sont tous les mots qui se terminent : 1° par *ession* (sans exception aucune).

(*) Lorsque les articulations doubles ne le sont pas par raison d'é-tymologie, on peut dire, en général, que la deuxième lettre ne sert qu'à rendre la première syl. brève. Cependant l'*a* et l'*o* suivis de deux *m* sont toujours longs, excepté flamme.

2° Par *aisse* ou *esse*, excepté Grèce, espèce, nièce et pièce.

3° Par *osse*, excepté atroce, féroce, négoce, noce, précoce et sacerdoce.

4° En *ausse*, excepté sauce et j'exauce.

Et 5° en *usse*, excepté astuce, puce, il suce.

*17. Quels sont les mots qu'il faut écrire par *c* et non par *s*?

R. On écrit par *c* : 1° les mots qui finissent par *ace*, excepté basse, bécasse, bonasse, brasse, calebasse, carcasse, chasse, cocasse, crasse, crevasse, cuirasse, échasse, embrasse, impasse, masse, Parnasse, paperasse, paillasse, potasse, tasse et terrasse.

2° Ceux qui finissent par *ice*; excepté coulisse, éclisse, écrevisse, esquisse, génisse, jaunisse, lisse (adj.), mélisse, métisse, narcisse, pelisse, réglisse, saucisse, Suisse ; et les verbes glisser et plisser : je glisse, je plisse, etc.

T.

*18. Quels sont les mots qui prennent deux *t*?

R. Ce sont tous ceux qui commencent par *at*, excepté atelier, athée, atmosphère, atôme, atours, atout, atroce, et quelques mots peu usités.

*19. Et quels sont ceux qui veulent un *t* simple?

R. Il faut écrire par un seul *t* : 1° tous les adjectifs féminins en *ate* sans exception.

2° Tous les noms de cette désinence, excepté baratte, batte, chatte, datte (fruit), jatte, latte, natte et patte (d'animal).

3° Tous les verbes en *ater*; excepté baratter, flatter, gratter, latter, natter, et leurs composés.

4° Tous les adjectifs et les participes en *ite*, excepté fritte et quitte.

5° Tous les infinitifs en *iter*, excepté quitter et acquitter.

6° Tous les noms en *ute ;* excepté butte (tertre), hutte, lutte, et les verbes qui en sont formés.

7° Enfin, tous les mots en *oute*, excepté les trois mots : une goutte, la goutte, il dégoutte.

Les deux *t* se font sentir dans atticisme, atticiste, attique et pittoresque.

* 20. Dans quels mots se doublent les articulations *z*, *j*, *k*, *q*, *x* et *v* ?

R. Le *z* ne se double que dans quelques mots italiens ; et, dans ce cas, le premier est tout-à-fait nul.

Le *j*, le *k*, le *q* et le *x* ne se doublent jamais ; le *v* se double au commencement de certains mots, et dans ce cas le *w* double équivaut le plus souvent au *v* simple : Wilna, Wéser, Wéler, etc.; et dans plusieurs mots anglais il se prononce *ou*.

* 21. Y a-t-il quelques règles générales pour l'emploi des lettres doubles ?

R. Les articulations *l*, *m*, *n*, *p*, *r*, *t*, suivies d'un son muet final, se doublent ordinairement si la syl. qui les précède est brève ; excepté : carafe, cabale, annale, pétale et quelques autres.

2° L'articulation se double encore dans tous les mots qui commencent par les sons *a* et *o*, lorsqu'ils y sont employés comme préposition inséparable ; ce qu'on connaît lorsqu'en les retranchant, ce qui reste forme un mot : comme dans apprendre (a-prendre), accoler, acclamation, accommoder, accompagner, affermir, affronter, aggraver, etc.; parce que ces mots sont formés des mots simples : col, clameur, commode, compagne, ferme, front et grave.

3° Enfin, l'articulation double s'emploie dans tous les verbes qui l'ont à leur infinitif : il frappe, il moissonne, etc.

Mais les articulations ne se doublent pas : 1° après un son muet (semer); 2° après un son circonflexe (blâme, pâte); il n'y a d'exception que pour le *s* (châsse, châssis); 3° après le son polyg. et le son synon. *an* et *en*, excepté les mots ennoblir, ennui, et leurs dérivés.

* 22. Quelle remarque faites-vous sur l'emploi des articu
lations doubles ?

R. La première est absolument nulle, sauf les exception
que nous avons indiquées.

23. Donnez-nous une règle générale pour distinguer le *il*
polygr. du *l* doublé précédé de l'*i* ?

R. En général les deux *ll* précédés de l'*i* ne formen
qu'une seule artic.; excepté : 1° au commencement de
mots (illustré); 2° dans les terminaisons en *illaire* et *illa
tion*; 3° dans les verbes distiller, osciller, scintiller et va
ciller ; 4° dans les mots Achille, Cyrille, fibrille, Gille, im
bécille, Lille, mille, myrtille, papille, pupille, pusillanime,
tranquille, ville, et leurs composés.

Dans quelques noms propres du midi, *lh* équivalent à
l'artic. polygram. *ill*. Ainsi, on peut dire indifféremmen
Mil-hau ou Milio ; mais on prononce avec le son du *ill* Ju
milhac.

24. Comment se prononce *ent* à la fin des mots ?

R. Il se prononce avec le son de l'*e* muet, toutes les fois
qu'on peut mettre avant les mots *ils* ou *elles ;* et lorsqu'on
ne le peut pas, *ent* final se prononce *an* : elles parlent *pru-
demment*.

25. Comment prononcez-vous les finales *aient* et *oient* ?

R. On les prononce toujours avec le son de l'*e* ouvert.

26. Quelle est donc la fonction de *nt* et *ent* considérés
comme lettres nulles ?

R. Ils servent à marquer le pluriel dans les verbes, comme
s et *x* le marquent dans les noms.

27. Quand faut-il écrire *est* par un *s* ?

R. On l'écrit par un *s* quand on peut mettre avant un nom
ou un des mots *il* ou *elle* ; et dans ce cas il est verbe.

28. Et quand écrit-on le mot *sont* par un *t* ?

R. Quand on peut le faire précéder des mêmes mots,
mais pluriels.

Articulations finales senties.

1. Combien avons-nous d'articulations finales qui doivent se prononcer ?

R. Quatre : *c*, *f*, *l* et *r*.

* 2. Combien avons-nous des mots en *if* qui prennent un *e* après le *f* ?

R. Deux : Calife et Pontife. Et, pour les autres désinences, il n'y a guère que tartufe et truffe qui le prennent, encore ce dernier est-il du genre féminin.

* 3. Combien compte-t-on de noms en *ul* ?

R. Quatre : accul, calcul, consul et recul ; tous les autres mots en *ul* prennent un *e* : *ridicule*, etc.

* 4. Quels sont les mots où le *r* final se fait sentir ?

R. Il se fait sentir : 1° dans tous les monosyllabes.

2° Dans la terminaison *er*, précédée d'un *f*, d'un *m* ou d'un *v*, pourvu que cette finale termine des noms et non des infinitifs.

3° Dans magister, cancer, frater, belvéder, éther ; et dans tous les noms propres : Prosper, etc.

4° Dans tous les noms en *ir*.

5° Dans tous ceux en *eur*, excepté beurre, babeurre, Feurre et leurre pour le masculin ; et pour le féminin : chante-pleure, demeure, heure, plateure, gageure et mangeure (qu'on prononce gajure et manjure), car tous ces noms prennent un *e* final.

6° Dans les adjectifs en *ur*, le mot parjure, qui de sa nature est substantif, excepté. Les substantifs en *ur* au contraire, à l'exception des mots azur, mur, futur et clair-obscur, prennent tous un *e* muet (encore ces deux derniers sont-ils adjectifs).

7° Dans tous les infinitifs en *ir* dont le participe présent n'est pas en *vant* ou en *zant* (sant), il n'y a d'exception que pour les verbes : maudire, rire, frire, sourire et bruire.

Les verbes *servir* et *desservir* (dont le participe présent est en *vant*) s'écrivent aussi par un *r* final ; mais, à ces exceptions près, tous les verbes dont le participe présent est en *zant* (sant) et non en *ssant*, prennent un *e* après le *r*.

8° Enfin on écrit par *oir* : 1° tous les verbes en *oir*, excepté boire, croire et leurs composés ; 2° tous les noms masculins formés d'un participe présent, éteignoir (d'éteignant), arrosoir (d'arrosant), excepté compulsoire et consistoire, quoiqu'on dise compulsant et consistant, etc. Et au contraire, on écrit par un *e* muet *oire*, 1° tous les noms masculins qui ne dérivent pas d'un participe présent : réfectoire, répertoire, etc.; il n'y a d'exception que pour soir, espoir, dortoir, manoir, ostensoir, drageoir et aspersoir. 2° Tous les noms féminins en *oire* : armoire, écritoire, 3° Tous les adjectifs de cette désinence, soit masculins, soit féminins, un seul excepté, c'est le mot noir.

On écrit aussi par un *e* les mots accessoire, auditoire, ciboire, déboire, ivoire, interrogatoire, (le) mémoire, oratoire, offertoire, territoire, observatoire, purgatoire, vésicatoire ; enfin, tous les noms en *oir* qui ne sont pas formés d'un participe présent, excepté les trois mots déjà nommés : *soir*, *espoir* et *dortoir*.

Suite des lettres nulles.

1. Comment prononcez-vous les mots schall, scheik, schelling, schérif, Schaffouse, Schélestadt, schisme, schiste et schah (titre du souverain de la Perse)?

R. Dans tous ces noms et dans tous les noms semblables, le *s* est tout-à-fait nul, et *sch* équivaut à *ch*; cette règle est sans exception.

2. Que remarquez-vous sur l'artic. *sc*?

R. Le *s* de cette artic. est aussi nul, mais seulement avant les sons *e* et *i* : ascension, ascendant, Scylla, scier, etc. (*)

(*) Et ce verbe est le seul de cette terminaison qui prend un *s* avant le *c*.

Mais *sc* équivaut à *sque* avant les sons *a*, *o*, *u*, et avant les deux liquides *l* et *r* : scolaire, scorbut, etc.

De la suppression des accents.

1. Que remarquez-vous sur les finales *ed, er, ez*?

R. Elles équivalent à un *e* fermé et remplacent l'accent. Il n'y a d'exception que pour la finale *er* précédée d'une des trois artic. *f*, *m* et *v* : amer, hiver, car dans ce cas l'*e* devient ouvert.

2. Combien avons-nous de noms en *ié* qui prennent un *d* final ?

R. Un seul, le mot pied ; tous les autres, au nombre de plusieurs cents, se terminent par *ier*.

3. Et quels sont les noms qui se terminent par *ier*?

R. Ce sont : 1° les noms de tous les arbres et arbrisseaux fruitiers, soit qu'ils soient en *ié* ou seulement en *é* ; 2° tous les noms en *ier* qui marquent un état ou une profession ; 3° tous les noms masculins en *ié*, et tous les noms de cette désinence sont masculins, excepté : amitié, pitié et moitié ; 4° enfin beaucoup de noms masculins terminés seulement en *é* prennent aussi un *r* final : berger, verger, rocher, etc.

4. Quelle remarque faites-vous sur l'*e* muet?

R. Cet *e*, quoique sans accent, devient ouvert : 1° avant deux articulations semblables ; 2° avant deux articulations différentes dont la seconde n'est pas une liquide ; 3° à la fin des monosyllabes terminés par un *s* : *ces, ses, mes, tes, les, des*, etc.; qu'on prononce *cè, mè, tè*, etc.; 4° avant un *t* final ; 5° enfin, avant l'articulation *x*, parce que cette articulation équivaut à deux lettres.

5. Y a-t-il quelque autre règle pour distinguer l'*e* fermé de l'*e* ouvert?

R. L'*e* est encore ouvert et prend l'accent grave : 1° dans tous les mots en *è* qui prennent un *s* final au singulier : du grès, un décès, un procès ; 2° avant une articulation simple

10

monog. : père, pièce; 3° avant une artic. polyg. : calèche, règne; 4° avant une artic. composée : règle, lièvre, siècle; 5° enfin avant une artic. synon. : bibliothèque; pourvu seulement que cette artic. soit suivie d'un son muet.

6. Cette règle est-elle sans exception?

R. Les anciens grammairiens en exceptaient les verbes et les mots en *ège,* qu'ils écrivaient toujours par un *e* fermé, parce que l'oreille, disaient-ils, le voulait ainsi. Mais cette règle d'euphonie, de laquelle du reste l'Académie n'a jamais parlé, n'existe plus; et l'on doit dire (en suivant la règle générale) : un siège, un solfège, un collège. Cette prononciation est celle de toutes les personnes qui se piquent de bien parler : il protége, il abrége, est d'un très mauvais ton. Tout ce qu'on peut accorder à cet ancien usage (que rien ne justifie), c'est de conserver l'*é* fermé des verbes en *ger* dans les temps où cette syllabe est suivie d'un son autre que l'*e* muet : comme il protégea, il abrégea (encore vaudrait-il mieux les prononcer avec le son ouvert).

7. Et dans quels cas l'*e* est-il fermé?

R. Il l'est : 1° dans tous les noms en *ier* ou en *er* : grenier, rocher; et dans tous les adjectifs en *er* dont le féminin est *ère* : léger, légère; 3° dans tous les infinitifs des verbes de la première conjugaison (et ces verbes sont au nombre de plus de 4,000); 4° dans toutes les secondes personnes plurielles des 4 conjugaisons, excepté au passé défini et au passé antérieur : vous chantez, vous finissiez, vous recevrez, vous rendrez. Mais dans tous ces cas le *r* et le *z* finals remplacent l'accent aigu; 5° l'*e* est encore fermé et il prend l'accent lorsqu'il est initial et qu'il est suivi d'une seule artic.; soit que cette artic. soit monogr. ou polyg., composée ou syn. : été, échalote, éclairé, éphémère; 6° enfin, c'est encore avec l'accent aigu qu'il faut écrire l'avant-dernier *e* de tous les mots, soit masculins, soit féminins, qui se terminent par deux *e* : épée, athée, etc.

8. Y a-t-il quelque remarque à faire sur l'*e* muet?

R. On peut, et on doit même remarquer : 1° que l'*e* muet (qui ne saurait jamais être initial) est presque nul quand il se trouve dans la première syllabe d'un mot; ainsi, demander se prononce comme s'il était écrit : dmander; 2° qu'à la fin des mots, il fait qu'on appuie davantage sur le son qui le précède; ainsi, la *vue* ne se prononce pas de la même manière que j'ai *vu*. Il en est de même des mots : nuée, journée, suie, boue, etc.; 3° que l'*e* muet des monosyllabes *je*, *me*, *te*, *se*, etc., est plus sensible qu'il ne l'est dans le corps du mot (comme dans mener, promener); 4° que cet *e* est plus sensible encore dans les troisièmes personnes plurielles des verbes; ainsi, Zoé *aime* l'étude, ne doit pas se prononcer comme : vos cousines *aiment* la musique, et elles aiment aussi le dessin ; 5° enfin l'*e* muet qui se trouve dans le corps de certains mots, comme gaiement, gaieté, etc., peut se remplacer par l'accent circonflexe : gaîment, gaîté, etc.

9. Quelle remarque faites-vous sur le son syn. *ai*?

R. Ce son se change en *e* muet : 1° dans faisant, faisons, faisait, faisiez; 2° il se change en *a* dans douairière, etc.; et 3° enfin il se change en son fermé : 1° dans le présent de l'indicatif du verbe avoir (j'ai=jé); 2° dans tous les futurs et dans le passé défini de tous les verbes de la première conjugaison ; mais, suivi d'un *s* ou d'un *t*, le son synon. *ai* reprend le son de l'*e* ouvert.

10. Quelle remarque faites-vous sur les lettres majuscules?

R. Ces lettres, qui commencent toujours le premier mot d'une phrase et d'un alinéa, et qu'on met à la tête des noms propres, etc., ne prennent jamais d'accent?

11. Qu'entend-on par alinéa?

Ce mot alinéa signifie *à la ligne*. L'alinéa fait laisser en blanc une ligne non achevée pour écrire à la ligne suivante.

HUITIÈME CLASSE.

Continuation des difficultés.

Questionnaire (pages 74 et suivantes).

1. Que remarquez-vous sur le *c* simple variable?

R. Le *c* se change en *g* dans second et ses dérivés et dans prunes de Reine-Claude. Le *c* de *donc* se fait sentir dans deux cas seulement : 1° quand le mot *donc* commence la phrase ; 2° quand *donc* est suivi d'un son.

2. Quelle remarque y a-t-il à faire sur le *f*?

R. Le *f* est nul dans cerf-volant, chef-d'œuvre, œufs frais, œuf dur, nerf de bœuf, bœuf gras, clef et cerf.

Il est encore nul dans le pluriel des mots œufs, bœufs et nerfs ; mais il se fait sentir dans serf (esclave).

Suivi d'un son, le *f* final du nom de nombre cardinal *neuf* se change en *ve*.

3. Que remarquez-vous sur la prononciation des artic. *g, j* et *gn*?

R. Le *g* se change en *k* : 1° dans le mot gangrène et ses dérivés ; 2° à la fin des mots, avant un son ; et 3° dans le mot Bourg. Dans les noms propres russes et allemands et autres des langues du Nord, le *j* remplace l'*i*. Le *l* est nul dans pouls, cul-de-sac, et dans toutes les terminaisons en *auld* et en *ault* (hérault, Arnauld).

L'artic. *gn* se prononce *gue-ne* dans les mots *gnome, gnide;* et dans les mots stagnation, stagnante, regnicole, inexpugnable, igné et Prognée, où le *g* et le *n* font deux syllabes : prog-née, ig-né, etc.

Nota. *Gn* initial se change toujours en *gue-ne*.

4. Quelle remarque faites-vous sur le *n* final?

R. Le *n* final n'admet de liaison avec le mot qui suit que lorsque le sens de la phrase ne souffre pas de repos entre les deux mots : mon amie, ton âme.

Le *n* est nul dans Béarn.

5. Que remarquez-vous sur les artic. *p* et *q* ?

R. Le *p* médial se fait sentir dans baptismal, exemption, impromptu, septembre, symptôme, septuagénaire, septénaire. Il se fait aussi sentir dans les mots *beaucoup* et *trop* suivi d'un son; *q* est nul dans coq d'Inde, et se fait sentir dans cinq, avant tous les mots qui commencent par un *son* ou un *h* muet.

6. Que remarquez-vous sur le *r* et le *s* ?

R. Dans les infinitifs en *er*, le *r* final tient seulement lieu d'accent ; mais si ces infinitifs sont suivis d'un son, le *r* final se fait sentir.

On prononce sans liaison le *s* final des verbes dans la conversation. Cette lettre est aussi nulle dans Mathias, Thomas, Judas, Du Guesclin, sens commun, tandis que, fleurs-de-lis. Mais elle se fait sentir dans *lis*, *sens* (elle a du sens, les cinq sens), *tous* (pris substantivement); *plus*, il y a plus, je dis plus, etc., etc., et dans plusque-parfait. Le *s* final se change en *z* avant un son ou un *h* muet.

7. Quelles remarques y a-t-il à faire sur le *t* ?

R. Le *t* final se fait sentir dans vingt et un, vingt-deux, etc., jusqu'à trente ; mais il ne sonne pas de quatre-vingt à cent.

Le *t* dans les mots *sept* et *huit* se prononce : 1° lorsque ces mots sont seuls ; 2° lorsqu'ils sont suivis d'un mot qui commence par un son ou un *h* muet ; 3° lorsqu'ils sont pris substantivement.

Suivi d'un son ou d'un *h* muet, le *t* final se fait ordinairement sentir, à moins que la liaison ne choque l'oreille. Il se fait aussi sentir dans tous les adjectifs en *ect*, correct, etc., car aucun adjectif ne se termine par *ecte* au masculin. Le *t* se fait encore sentir dans les finales *ct* (strict), excepté dans amict et dans les mots en *spect*, comme respect; 2° dans les mots en *st* et en *th* (le zest), excepté : Jésus-Christ, Goth et ses dérivés; 3° enfin dans une quarantaine de mots isolés.

8.

8. Que remarquez-vous sur le *v* doublé et sur le *x*?

R. Le *v* doublé se change en *ou* dans les mots anglais ou qui nous viennent de cette langue. Le *x* final se change en *z* avant un son ou un *h* muet; et, à la fin des noms propres, il équivaut à *cs* : il n'y a d'exception que pour le mot Aix en Provence (qu'on prononce aisse).

9. N'y a-t-il pas quelques remarques à faire sur le *z*?

R. Le *z* se change en *s* à la fin des mots : Metz, Rodez, Suez, Alvarez, Cortez, et dans tous les noms étrangers. La liaison du *z* se supprime ordinairement dans la conversation.

10. Que remarquez-vous sur les sons *a e i o u*?

R. *a* est nul dans août, aôriste, Saône et taon.

e est nul dans Caen.

i est nul dans oignon, poignée et poignard.

o est nul dans paon, faon et Laon (ville).

u se fait sentir dans aiguille, aiguillon, aiguillonner, aiguiser, inextinguible, et dans Guise, nom propre.

Des signes orthographiques.

*1. Quand faut-il faire usage de l'accent grave?

R. Il faut mettre l'accent grave : 1° sur les *e* ouverts qui terminent la syllabe ou qui sont suivis d'un *s* qui achève le mot, à l'exception des monosyl. *ces, mes, les*, etc.

2° Sur ceux qui sont suivis d'une syl. muette (finale) : père, mère; excepté : aimé-je, dussé-je, etc.

3° Sur là et où adverbes (dire pourquoi).

4° Sur à et dès, prépositions.

5° Sur les adverbes çà, en-deçà, delà, au-delà, par-là.

*2. Quels sont les sons qui prennent l'accent circonflexe?

R. Il faut écrire avec cet accent : 1° l'*a* suivi des artic. *ch* et *t* lorsque l'*a* est long : lâche, bâtir; 2° tous les mots en *ême* qui ne sont pas en *ième*; 3° l'*i* des verbes en *aître*, naître; 4° l'*ô* minuscule mis en apostrophe, ô mon Dieu! 5° l'*o* qui précède les finales *le, me, ne* : pôle, dôme, trône; 6° les pronoms possessifs, le nôtre, le vôtre; 7° les avant-dernières syll. de la première et de la seconde personne plurielle du parfait défini, et la dernière syl. de l'imparfait du subjonctif; 8° l'*u* des participes *dûs* et *redûs*, mais au masculin pluriel seulement (dire pourquoi); 9° celui des mots *tû* et *crû*, participes des verbes taire et croître, pour les distinguer de *tu* pronom, et de *cru* participe du verbe croire; 10° enfin il faut encore écrire avec l'accent circonflexe l'*u* des adjectifs sûr et mûr qu'on écrivait autrefois *seur* et *meur;* car, lorsque l'accent circonflexe ne s'emploie pas pour distinguer un mot d'un autre mot qui a la même prononciation, il annonce toujours qu'il y a eu dans ce mot suppression de lettre : c'est pour cela qu'on doit écrire (contre l'usage) les mots ame et théâtre sans accent circonflexe, parce que jamais on n'a écrit ces mots ni par un *s*, ni par deux *a*.

Enfin on commence à remplacer par l'accent circonflexe l'*e* muet qui est au milieu des mots; ainsi on peut écrire gaîment au lieu de gaiement : ainsi des autres.

Du tréma.

*1. Que remarquez-vous sur le tréma ou diérèse?

R. Le mot *diérèse* vient d'un mot grec qui veut dire division; ce nom est donné au tréma, parce que ce signe sert en effet à diviser.

On écrit avec le tréma le mot ciguë, ainsi que les adjectifs féminins aiguë, ambiguë, contiguë et exiguë. Sans tréma il faudrait dire cigue, aigue, etc., en prononçant la finale *gue*, comme on la prononce dans figue, ligue.

De l'apostrophe.

1. Que marque l'apostrophe?

R. L'apostrophe marque le retranchement d'un des trois sons *a*, *e*, *i*, avant un autre son.

L'*a* se retranche dans le mot *la*, article ou pronom; l'*i* se supprime dans *si* avant les pronoms *il* et *ils*; et l'*e* s'élide : 1° dans *je, me, te, se, de, ne, que* et *le;* 2° dans grand'messe, grand'mère; 3° dans *entre* suivi d'un mot inséparable (entr'acte); 4° dans *quelque* suivi des mots *un* ou *une;* 5° dans *jusque* suivi de *a, au, aux* et *ici;* 6° dans *puisque, quoique, lorsque,* avant les mots *il, ils, elle, elles, on, un, une;* 7° enfin l'*e* s'élide dans *presque,* mais seulement suivi du mot *île* : presqu'île.

Les autres signes orthographiques sont : le tiret (—) ou trait-d'union, le trait de séparation, la parenthèse, le guillemet, les crochets, l'astérisque et le paragraphe.

Le trait-d'union, qu'on appelle aussi tiret, se met entre les mots ou les parties de mot que l'on veut réunir.

La parenthèse sert à clore dans la phrase une idée qu'on peut toujours retrancher, parce qu'elle forme un sens à part.

Les croches ou accolades sont une autre espèce de parenthèse qui servent à réunir plusieurs articles en un seul {}.

Les guillemets indiquent la citation; lorsque la citation est courte, on la souligne seulement.

Le trait de séparation, qui ressemble au trait-d'union, s'emploie pour éviter la répétition de ces mots : dit-il, reprit-il, etc.

L'astérisque (*) indique un renvoi. Ce signe peut être remplacé par des lettres ou par des chiffres.

Et les paragraphes servent à marquer les divisions ou subdivisions d'un ouvrage. Ces divisions ou petites sections portent elles-mêmes le nom de paragraphe (§).

* 2. Qu'entend-t-on par ponctuation?

R. La ponctuation est l'art de faire connaître, dans le discours écrit, par des signes reçus, la proportion des pauses qu'on doit faire en lisant.

* 3. Faites-nous connaître les signes de ponctuation?

R. Les signes de ponctuation sont la virgule, le point-virgule, les deux points, le point final, le point interrogatif, le point exclamatif et les points suspensifs.

La virgule marque la plus petite de toutes les pauses ; le point-virgule marque une pause un peu plus grande ; les deux points annoncent une pause plus forte encore ; et le point final, qui amène une chute de voix, exprime un repos parfait ; le point interrogatif marque l'interrogation ; le point exclamatif, l'exclamation ; et les points suspensifs, la suspension. (Faire comprendre ce dernier mot.)

Régles générales pour la valeur des sons.

1. Peut-il y avoir des syllabes longues sans accent?

R. La plupart des sons longs ou des voyelles longues ne prennent pas d'accent ; les mots où nous voyons l'accent circonflexe sont, comme nous l'avons déjà dit, ceux où il y a eu suppression de lettres.

2. Y a-t-il quelques règles pour distinguer les sons longs de ceux qui ne le sont pas ?

R. Les syllabes sont brèves : 1° lorsque le son final est suivi d'une artic. qui n'est ni *s*, ni *z* : *sac, sec, pot, mot*, etc.

2° Lorsque le son finit par l'artic. *ill* synon. ou non : paille, fille, cerfeuil, etc.

3° Quand le son est suivi d'un *m* ou d'un *n* doublé.

4° Lorsque ce *son* est articulé.

5° Lorsque l'avant-dernier son est suivi d'un *e* fermé, de *er* ou de *ez* finals : loué, jouer, envoyez.

6° Enfin quand cet avant-dernier son est suivi d'un autre son ; pourvu que ce *son* ne soit pas l'*e* muet : création, haïr, réel, etc.

Et au contraire le son est long :

1° Dans toutes les syllabes masculines plurielles : des

sacs, des sels, des pots, etc. Il n'y a d'exception que pour les mots qui ne prennent pas la marque du pluriel. (*)

2° Dans tous les noms masculins qui prennent un *s* ou un *z* finals : le *nez*, un *bras*.

3° Dans les sons polygr. *am*, *an*, *in*, suivis d'une artic. autre que le *m* et le *n* : jambe, etc.

4° Dans les syllabes suivies de deux *r* : arrêt, barre ; mais si les deux *r* devaient se faire sentir, le son qui les précède étant alors articulé deviendrait bref.

5° Avant un *s* ou un *z* suivi d'un *e* final : base, gaze (la) ; mais si cette dernière syllabe est longue de sa nature, elle conserve sa quantité (c.-à-d. son son) ; et dans ce cas, celle qui la précède devient souvent brève : il s'extasie, une pesée, etc. (On sait que l'*e* muet final nul rend long le son qui le précède.)

6° Enfin le son est encore long dans tous les mots où ce son final est suivi d'un *e* muet nul : la vue, la vie, l'armée, la joie.

Nota. — Ces règles sur la prononciation des syllabes sont si importantes, que d'elles dépendent non seulement la bonne prononciation et la bonne lecture, mais encore souvent le sens des mots.

(*) Parce que c'est le *s* ou le *z* qui rend la syllabe longue.

TABLE DU PRINCIPE.

SEPTIÈME CLASSE.

HUITIÈME CLASSE.

TABLE DU QUESTIONNAIRE.

PREMIÈRE CLASSE.

(Pages 125, 126, 127.)

Combien y a-t-il d'accents ?

   —   de sortes d'E ?

Comment les distingue-t-on (et le reste)?

Comment divise-t-on les lettres ?
Qu'appelle-t-on sons monogrammes et combien en compte-t-on ?
Qu'est-ce qu'une syllabe ?
Les sons n'ont-ils pas un autre nom ?
Combien avons-nous d'articulations monogrammes ?
Que signifie le mot articulation ?
Combien y a-t-il de sortes de Q ?
Quel est le nom commun aux articulations et aux sons ?
En combien de classes doit-on diviser toutes les difficultés de la lecture et de l'orthographe ?

DEUXIÈME CLASSE.

(Pages 127, 128.)

Qu'est-ce qu'un L élidé ?
Qu'est-ce que l'apostrophe, et quand l'emploie-t-on ?
Qu'annonce en général l'accent circonflexe ?

TROISIÈME CLASSE.

(Pages 129, 130.)

Qu'appelle-t-on sons articulés, et comment faut-il les considérer ?
Combien une syllabe peut-elle avoir d'éléments ?

QUATRIÈME CLASSE.

(Pages 130, 131, 132.)

Sons et articulations polygrammes.
Combien en compte-t-on, et comment doit-on les considérer ?
Combien notre langue compte-t-elle de sons ?
D'où sont tirés ces noms monogrammes et polygrammes ?
Combien compte-t-on de sons et d'articulations polygrammes ?
Pourquoi ces sons et ces articulations ne peuvent-ils pas se séparer ?
Que remarquez-vous sur les articulations *gn* et *ill,* etc., sur les mots dont la finale est en *ion* ?
Quels sont les mots en *oin* qui prennent un *u* avant l'*i* ?

CINQUIÈME CLASSE.

(Pages 132, 133, 134.)

Qu'appelle-t-on sons composés, et d'où vient ce nom ?
Qu'entend-on par articulations composées ?
Qu'est-ce qu'on entend par liquides ?

SIXIÈME CLASSE.

(Pages 135, 136, 137.)

Des lettres variables ; combien en compte-t-on ?
Dans quelle occasion le C est-il variable ?
Qu'est-ce qu'un C cédille ?
Quand est-ce que le G est variable ?
Quand est-ce que le S se prononce Z ?
Cette règle ne souffre-t-elle pas des exceptions ?
Le S n'est-il variable qu'entre deux sons ?
Pourquoi le S se change-t-il en Z dans les mots transiger, transaction, etc.

(Pages 137, 138.)

Dans quelle occasion le T est-il variable ?
Cette règle est-elle générale ?
Dans quels cas le T suivi d'un I et d'un autre son conserve-t-il sa prononciation propre ?
Et dans combien de cas est-il variable ?

(Pages 139, 140, 141.)

Le S placé entre deux sons peut-il toujours remplacer le Z ?
Qu'y a-t-il à remarquer sur le S doublé ?
Comment distinguer les mots qui veulent un S d'avec ceux qui s'écrivent par C ?
Et dans les mots en *tion* et *cion*, comment distingue-t-on ceux qui prennent un S ou deux S d'avec ceux qui s'écrivent par un T ?

(Pages 141, 142, 143.)

Combien le X a-t-il de prononciations ?
Dans quels cas équivaut-il au C, — au CS, — au GZ, — aux deux S — et au Z ?

(Pages 143, 144, 145, 146, 147.)

Qu'est-ce qu'on entend par sons et articulations synonymes, et combien en compte-t-on ?
Que faut-il observer par rapport à l'Y ?
Qu'est-ce que le tréma, et où le place-t-on ?
Doit-on écrire avec le tréma les mots Noël, Raphaël, etc.
Quels sont les mots qu'il faut écrire par *ai* ?
Quels sont ceux qui s'écrivent par *en* synonyme ?
Ceux qui prennent *an* polygramme ?
Quels sont ceux qui s'écrivent par *ph* ?

Qu'y a-t-il à remarquer sur l'articulation *ill* polygramme, et comment peut-on la représenter ?

Comment distinguer les mots qui veulent l'articulation *ill* d'avec ceux qui s'écrivent par *l* suivi d'un *i* ?

Combien le *q* a-t-il de prononciations ?

Quels sont les mots qui prennent *q*, et quels sont ceux qui veulent *c* ?

Dans quelle occasion le *ch* se change-t-il en *k* ?

SEPTIÈME CLASSE.

Qu'entend-on par lettres nulles ?

Quels sont les verbes qui s'écrivent par *ein* ?

Quels sont les mots en *au* qui prennent un *e* avant l'*a* ?

Quels sont les noms féminins qui prennent un *e* muet final ?

Et quels sont les noms masculins qui le prennent également ?

Combien compte-t-on de noms féminins en *tié* et de noms masculins en *ier* ?

Combien y a-t-il de sortes d'*h* ?

Comment l'*h* doit-il être considéré ?

Comment distingue-t-on les deux sortes d'*h* ?

DES ARTICULATIONS DOUBLES.

Du B.	Du C.	Du D.	Du F.
Du G.	Du L.	Du M.	Du N.
Du P.	Du R.	Du S.	Du T.

Y a-t-il quelques règles pour l'emploi des lettres doubles ?

Comment prononce-t-on *ent* et *aient* à la fin des mots ?

Des articulations finales senties.

Dans quels cas se fait sentir le *r* ?

Que remarquez-vous sur les articulations *sch* et *sc* ?

Qu'y a-t-il à remarquer sur les finales *ed*, *er* et *ez* ?

Que doit-on remarquer sur l'emploi de l'*e* muet, — de l'*e* fermé — et de l'*e* ouvert ?

Qu'observez-vous sur les verbes en *ège?*
Que remarquez-vous sur le son synonyme *ai?*

HUITIÈME CLASSE.

(Pages 168, 169, 170.)

Remarques : 1° sur le *c* et le *f.*
— sur le *g,* le *j* et le *gn.*
— sur le *p,* le *q,* le *r,* le *s* et le *t.*
— sur les sons *a, e, i, o, u.*

(Pages 170, 171, 172.)

Des signes orthographiques.
Quels sont les mots qui prennent l'accent grave, — l'accent circonflexe, — le tréma ?

(Pages 173, 174.)

Règles générales pour la valeur des sons.
Règles pour la lecture du latin.

www.ingramcontent.com/pod-product-compliance
Lightning Source LLC
Chambersburg PA
CBHW072045080426
42733CB00010B/1991